가드망저

오석태 · 안광열 · 안종철 · 이광일 · 임성빈 · 최동국

지구문화사
JIGU PUBLISHING Co.

머 리 말

본 〈가드망저〉는 조리를 전문으로 배우는 학생들에게 실습용으로 개발된 전문서적입니다. 이 책을 개발하게 된 이유로는 20년 동안 대학 강단에서 학생들에게 서양요리를 강의하면서 학생들에게 보다 세분화된 목표를 가지고 강의를 운영하는 것이 매우 효과적이라는 생각과 아울러 많은 교·강사님들로부터 제안이 있었습니다.

그동안 수업이 보다 현장감을 높일 수 있도록 많은 노력을 해왔으며, 그 결과 여러 대학에서 실습수업을 강도 높게 운영할 수 있는 표준을 만들어 왔습니다만 아직 부족한 점이 없지 않으리라 생각됩니다. 특히 서양요리에 각 분야별 실습수업은 개념의 정립과 함께 각 주별 수업목표를 명확하게 정하여 수업을 진행한다는 것이 환경적으로 그렇게 쉬운 것만은 아닌 듯합니다.

이러한 대학 수업환경을 고려하여 이번에 〈가드망저〉 교재를 개발하게 되었습니다.

이 책은 학생들이 수업을 진행하는데 있어 15일을 기본으로 하고, 따라서 3주 형태의 블록교육(Block System)에 맞추어 3주안에 15일 수업을 실시하는 계획으로 하여 최선의 실습효과를 높힐 수 있도록 구성하였습니다.

이를 세분화하여 가드망저의 기술을 습득하는데 있어 1주는 기초기술, 2주에는 중급기술, 3주는 실행 및 고급기술형태로 목표를 두었으며, 각 주마다 1일 목표를 두어 자신의 조리기술을 확인하고 교수는 학생의 기술상태의 진행 정도를 명확하게 파악할 수 있도록 고안하였습니다.

또한 가드망저에서 반드시 배워야 할 대표적인 필수 메뉴를 바탕으로 정리하였으며, 트랜드에 따라 학교와 교수님 특성에 맞추어 새로운 메뉴를 가감할 수 있게 하였습니다. 아울러 학생들의 평가와 재료 주문방안 등을 포함하고 있어 기존의 요리책이 가지고 있는 교재의 한계점들을 보완하려는 노력을 하였습니다.
물론 수업을 진행하는데 있어서 블록식 수업이 아니라 하더라도 한학기가 15일 수업에 맞추어 있으므로 교육목표를 달성하는데 매우 효과적일 수 있습니다.

본 〈가드망저〉는 5여년에 걸쳐 가드망저 실습 수업을 진행하면서 보완·정리하여 대학 실습 강의에 최적화되도록 힘썼습니다. 그럼에도 불구하고 향후 사용하시는 교·강사님들의 현장 조언이 필수적이라고 생각하며 많은 교수님들의 가감없는 의견을 보내주실 것을 부탁드립니다.

끝으로 이 책이 오랜기간 동안 작업하였음에도 많은 인내와 물심양면으로 지원해주신 지구문화사 주병오 사장님과 책이 나오기 까지 함께 노력하신 모든 분들께 감사의 말씀을 드립니다.

2016년 가을에

저자 대표

차 례

Contents

차 례

Contents

2주 2일차

2주 3일차

2주 4일차

차 례

2주 5일차

3주 1일차

3주 2일차

Contents

3주 3일차

3주 4일차

3주 5일차

차 례

[부록]

1주차

Garde Manger

1주 1일차 스케줄

목표 : 가드망저 교과의 교과의 전반적인 이해와 업무, 역사적 배경을 익힌다.

실습 내역 (Contents)	
	1. 가드망저(Garde–manger)와 사크테리에(Charcuterie)란 무엇인가? 2. 가드망저 용어(Garde–Manger Terminology) 3. 가드망저 업무와 평가(Responsibility and Grading) 4. 젤라틴 작업(Gelatin Work) 5. 토의 및 정리정돈(Assignments for Tomorrow)

주요 도구목록 (Utensil List)

번호	품 목	수 량	번호	품 목	수 량
1	계량 컵		10	국자	
2	스테인리스 볼		11	테이블 스푼	
3	사각 컨테이너		12		
4	손잡이 냄비		13		
5	나무주걱		14		
6	소창		15		
7	거품기		16		
8	저울		17		
9	스톡 포트		18		

진행시간 배분

총 실습시간(Total Lab Time) 5시간

시간 배분	강의내용 (Lecture contents)	강의순서 (Lecture Outlines)	비고 (Remarks)
30	이론강의 (Lecture)	과정안내 (General Information)	
30			
30		가드망저 이론 (Garde–Manger and Charcuterie)	
30		기타 (Others)	
30	시범 (Demonstration)	젤라틴 및 수업시범 (Demo Working with Gelatin)	
30	학생실습 (Activity)	젤라틴 (Gelatin Work)	
30			
30			
60	토의, 청소 및 정리 (Clean Up)	토의, 청소 및 정리 (Assignment Tomorrow)	

Chapter 1 가드망저

1. 개 요

가드망저 교육은 크게 3가지를 중심으로 이루어진다. 첫째, 식전음식으로 각종 만찬이나 국제회의 또는 세미나와 같은 행사에 있어 행사를 시작하기 전에 기다리는 사람들의 지루함을 달래 주고 인적 교류를 도와주는 간단한 음료와 알코올, 또는 허기를 달래 줄 수 있는 음식을 만드는 모든 과정을 배우게 된다. 둘째, 전채요리와 사이요리 등 실제 개별 가격이 정해져서 판매되는 찬요리를 만드는 방법을 배우게 된다. 마지막으로 많은 사람들을 대상으로 하는 뷔페 메뉴와 함께 장식하는 방법을 배우게 된다.

이러한 세 가지 큰 분야에는 카나페(Canapes)와 에피타이저(Appetizers), 샐러드(Salads), 그리고 각종 파테와 테리(Pâté and Terrines) 등이 있고 뷔페 세팅 방법 등이 있다. 물론, 범위를 조금 더 확장하여 훈제한 재료들과 각종 소스류, 그리고 육류와 가금류, 해산물 등에 대한 조리법을 보다 광범위하게 배우고 반복하여 연습을 하게 된다. 경우에 따라서는 아이스카빙도 공부하게 되는데 최근에는 아이스카빙 분야가 전문화되어 가는 추세에 있다.

2. 용어(Competencies)

모든 학문에는 용어가 매우 중요하다. 용어를 잘 이해한다는 것은 개념에 대한 지식을 쌓는 일이라고 할 수 있다. 용어와 개념은 여러분들이 해야 할 행동의 방향을 제시해 주기 때문에 용어에 대한 개념을 명확하게 익혀 둘 필요가 있다. 따라서 이 책을 이용해서 배우는 학생들은 본 과목을 듣기 전에 아래 용어들을 보다 명확하게 이해하고 수업을 시작해야 할 것이다.

① 칼 사용방법(Knife Skills)
② 양념육(Forcemeats)
③ 절임법 및 훈연법(Curing/Brining/Marination/Smoking)
④ 가드망저(Garde manger)
⑤ 뷔페 세팅(Buffet Lay out)

⑥ 음식담기 원리(The Principles of Food Presentation)
⑦ 젤라틴 사용법(How to Use Gelatin)
⑧ 냉소스 구분과 만들기(Identification and Preparation of Cold Sauces)
⑨ 식전음식에 대한 이해와 만들기(Understanding and Preparation of Reception Food)
- 냉, 온 식전음식(Hot and Cold hors d'œuvre)
- 카나페(Canapes)

⑩ 무스 이해와 만들기(Understanding and Preparation of Mousse)
⑪ 파테 반죽 만들기(Preparation of paté dough)
⑫ 냉요리 뷔페 계획과 실행(Planning and Organization of Cold Food Buffets)

Chapter 2 수업점검사항

- 가드망저에 대한 정의와 현대적 의미를 알고 있어야 한다.
- 파테, 갤런틴, 무스, 테린, 아스픽 젤리를 만드는 데 필요한 정확한 재료와 방법 및 기술에 대해서 알고 있어야 한다.
- 가드망저에서 사용되는 다양한 테린 몰드나 기구의 명칭과 사이즈 그리고 기능에 대해서 알고 있어야 한다.
- 다양한 생선과 육류를 훈제하는 방법을 알고 있어야 한다.
- 식전음식과 카나페, 오드볼, 그리고 칵테일용 음식을 준비하는 방법과 담기방법, 그리고 세팅하는 방법을 정확하게 알고 있어야 한다.
- 뷔페를 위한 음식 테이블 디자인과 음식의 크기, 준비하는 양, 그리고 음식을 담는 방법을 명확하게 알고 있어야 한다.
- 냉, 온 음식에 사용되는 소스와 적정한 크기 및 장식하는 방법을 명확하게 알고 있어야 한다.
- 일반적인 야채조각과 얼음조각의 방법을 알고 있어야 한다.

Note

교수는 3주차에 마지막 1~2일 동안 100명의 고객에 맞추어 뷔페 세팅을 할 수 있는 계획을 세워서 그동안 배웠던 내용들을 중심으로 실행을 하고 이에 대한 평가를 실시한다.

1. 강의주제(Lecture Topics)

① 식전음식(Reception Food)
② 절임(Marinades)
③ 젤라틴(Gelatine)
④ 무스(Mousse)
⑤ 훈제(Smoking)
⑥ 훈제제품(Smoked Items)
⑦ 염장(Curing, Brining)
⑧ 온 오드볼(Hot hors d'œuvres)
⑨ 냉 오드볼(Cold hors d'œuvres)
⑩ 양념육(Forcemeats)
⑪ 테린(Terrine)
⑫ 파테 반죽(Pâté dough)
⑬ 파테크로퉁(Pâté en croute)
⑭ 파테(Pâté)
⑮ 갤런틴(Galantines)
⑮ 냉소스(Cold Sauces)
⑯ 세팅과 음식담기(Lay out/Presentation)

2. 유니폼규정(Uniformm Policy)

(1) 유니폼 점검 (Check Chef's Uniform)

① 지급한 유니폼과 검은색 조리화를 깨끗하게 유지하고 착용해야 한다.
② 검은색 또는 흰색 양말을 신는다.
③ 학교에서 지급한 검은색 바지를 입는다(다른 바지는 허용 안 됨).
④ 학교에서 지급한 상의와 공통명찰을 착용한다.
⑤ 학교에서 지급한 흰색 머플러와 머플러 링을 착용한다.

⑥ 학생용 조리모를 착용한다.
⑦ 학생용 앞치마를 착용한다.
⑧ 주방 내에서는 사이드 타월을 착용한다.
⑨ 시계 외의 귀금속은 허락되지 않는다.
⑩ 상의 주머니에는 고정 장치가 달려 있는 펜이나 온도계만을 사용한다.
⑪ 조리복 상의 속옷은 무늬가 없는 것으로 입는다.

3. 실습실 규정(Kitchen Policy)

① 규정에 따라 유니폼을 갖추어 입는다.
② 결석과 지각은 학교 규정에 따른다.
③ 항상 긍정적인 마음으로 수업에 임한다.
④ 시식하는 동안에는 학교 시식기준을 엄격하게 지킨다.
⑤ 수업 중 흡연을 할 수 없다.
⑥ 외부에서 가져온 음식물을 먹을 수 없다.
⑦ 동료간 서로 존중한다.

4. 평가배점 및 내용(Grading Policy)

<table>
<tr><th colspan="3">유니폼 점검배점</th><th colspan="3">출석배점</th></tr>
<tr><th>내용</th><th>점수</th><th>결과처리</th><th>내용</th><th>점수</th><th>결과</th></tr>
<tr><td>완벽</td><td>9~10</td><td>구체적인 칭찬</td><td>무결석</td><td>20</td><td rowspan="4">좌동</td></tr>
<tr><td>양호</td><td>8~9</td><td>구체적인 칭찬</td><td>1~2시간 지각</td><td>19</td></tr>
<tr><td>보통양호</td><td>7~8</td><td>구체적인 지적</td><td>1회 결석</td><td>16</td></tr>
<tr><td>일부 오염</td><td>6~7</td><td>교체요구, 지적</td><td>2회 결석</td><td>12</td></tr>
<tr><td>일부 미착용</td><td>5~6</td><td>착용 후 실습실
입장지도</td><td>3회 결석</td><td>0</td><td>다른 점수와
관계없이 과락</td></tr>
<tr><td colspan="6">• 발표, 시범, 시식 평가 별첨
• 위 사항은 매일 점검함</td></tr>
</table>

5. 조리훈련인으로서의 10계명(10 Commandments for Culinary Trainee)

① 매일 최고의 조리사가 된다고 생각하고 훈련하라.
② 완벽한 위생상태를 유지하면서 조리과정을 수행하라.
③ 모든 수업에서 인내심과 자부심을 유지하라.
④ 다양한 생선과 육류를 훈제하는 방법을 알고 있어야 한다.
⑤ 항상 팀워크를 중심으로 훈련을 유지하라.
⑥ 책임과 의무를 기꺼이 받아들여라.
⑦ 긴장을 늦추지 말고 새로운 논증을 연습하라.
⑧ 에너지와 식자재, 물자를 절약하는 습관을 들이도록 하라.
⑨ 어떠한 상태에서도 최상의 질을 가진 상품을 생산하도록 노력하라.
⑩ 정직하고 솔직하며 진취적인 조리인으로서의 자세를 가져라.

Chapter 3 가드망저(Garde manger)란?

정의 조리장과 조리사가 일하는 찬 음식을 만드는 장소, 또는 음식보관 장소

1. 가드망저의 역사(History)

훈제된 생선과 육류, 파테, 테린, 치즈, 소시지를 비롯하여 샐러드와 샐러드 드레싱, 피클 등은 모든 음식의 기초를 이루고 있다. 현대에 와서 가드망저는 찬 음식을 만드는 주방으로서의 역할을 하지만 오래전에는 육류나 생선, 과일, 채소 등을 절여서 저장하는 기술을 가진 특별한 사람들에 속하였다.

이러한 환경에서 만들어진 '가드망저(Garde manger)' 의 어원은 음식을 저장하는 장소라는 의미에서 유래되었다. 즉, 햄, 소시지, 치즈 등 오랜 시간 동안 보관이 필요한 음식들을 보관하는 곳을 가드망저라고 불렀다.

시간이 흐르면서 음식저장에 대한 수요도 증가하였으며, 연회를 위해서 만들어지는 차가운 음식은 음식이 저장된 공간을 활용하면서 가드망저가 주방의 역할도 겸하게 되었다.그렇지만 초기에 가드망저는 앞서 설명한 것처럼 음식을 저장하는 기능을 하는 곳이였다. 목축을 기반으로 하는 사람들에게 식품저장은 목축 이상으로 중요하였다. 우리나라 김치가 겨울을 나기 위해 채소를 저장하는 것에서 시작된 것처럼 서양 사람들 역시 전쟁, 겨울, 축제 등을 위해서 식품을 저장해야 하는데, 처음에는 바닷물에 생선과 육류를 담가 두었다가 말리는 매우 단순한 절임법을 사용하였을 것으로 추정된다.

바닷물에 담가 두었다가 말리는 과정에서 발효와 숙성을 터득하였고, 소금물에 절인 육류를 그늘이나 서늘한 곳에 보관할 때 해충이나 벌레가 접근하는 것을 막기 위해서 재료들을 훈제하였다. 이러한 조리법을 기술한 흔적은 기원전 3000년경까지 거슬러 올라간다.

이때 이미 중국과 그리스인들은 소금에 생선을 절여서 사용하였으며, 이러한 기술이 로마로 전해졌다. 프랑스 골(Gauls) 지방에서 돼지를 이용한 햄과 베이컨 기술이 발전하면서 전문적인 조리법이 로마에 전파되고 로마의 국력과 함께 연회 문화가 형성되면서 가드망저의 필요성도 더 높아졌다.

로마의 정복지가 많아지면 많아질수록 연회 및 가드망저 조리기술이 도시를 통해 전파되었고, 레시피는 매우 중요한 재산으로 인식되었다. 특히 로마 후기 카톨릭 교회를 중심으로 자신들만의 독특한 조리법이 전수되어 왔다.

12세기경 유럽은 80~90%가 귀속 소작농으로서 주로 농장에 종사하였으며 가을이 되면 겨울을 나기 위한 준비로 소, 양, 돼지 등을 잡아서 소금에 절인 후 훈제, 발효를 거쳐 지하창고에 보관하였다. 이때 준비하는 음식의 규모를 귀족들은 자신들의 권력과 부, 그리고 지위에 대한 상징으로 여겼다. 중세기 정점에 다다르며 이러한 것들은 왕, 공작, 카톨릭 교회에 속하게 되었고, 보다 크고 거대한 식품저장고를 지하에 만들어 음식을 보관하게 되었다. 따라서 이러한 장소를 가드망저(Garde−manger)라고 하였으며, 실제 가드망저(Garde−manger)를 직역하면 '저장소(Keeping to meat)' 라는 의미를 가지게 된다.

가드망저에서 수요가 많은 제품인 햄과 치즈 등은 도시를 중심으로 상업화가 시작되어 거래의 중심 품목으로 성장하게 된다. 나중에 가서는 가드망저와 길드(Guilds)로 구분되면서 새로운 하나의 그룹으로 발전하였다. 길드는 보다 조직적인 시스템을 갖추면서 구성원들을 훈련을 시키게 되며 초보자(apprentice)에서부터 최고(Master)에 이르기까지 조리사들의 직위를 형성하게 된다.

16세기 말에 와서는 20개가 넘는 길드 조직이 만들어져 상업적으로 번성하였으며 이들은 다시 세분화되어 생고기를 취급하는 그룹과 가공된 육류를 취급하는 조직으로 나뉘어 활동하였다.

이때 가공된 육류 중 특히 돼지고기를 중심으로 만들어진 육류를 취급하는 것을 사크테리(Charcuterie)라고 하였으며 프랑스어로 직역하면 '조리된 육류(cooked flesh)' 이다. 사크테리에에서는 주로 베이컨과 햄, 소시지를 중심으로 기술을 개발하고 발전시켜 왔다.

2. Garde manger와 Charcuterie 의 차이점은?

앞서 설명한 바와 같이 사크테리에(Charcuterie)는 프랑스어로 엄밀하게 해석하면 돼지고기에서 만들어지는 제품을 의미한다. 돼지고기에서 만들어지는 제품이라고 하는 것은 소시지와 햄, 베이컨, 파테, 테린 그리고 머릿고기를 눌러서 만든 각종의 요리를 말한다.

앞서 언급한 바와 같이 사크테리에의 원래 의미는 '조리된 육류(Cooked flesh)' 가 된다. 이에 반해서 가드망저는 주방에 소속된 저장실 또는 식품을 상하지 않도록 보관하는 곳으로 풀이된다. 다시 말하면 가드망저는 식품저장실이라는 의미를 가지고 있다.
이 식품저장실에 대한 많은 이야기들이 전달되어 최근에 와서는 완성된 차가운 음식을 준비하고 만드는 'Cold Kitchen' 이 되었다. 시간이 흐르면서 사크테리에와 가드망저는 유사한 일을 하게 되고 이러한 일들이 연결되면서 이제는 하나의 업무로 합쳐지게 된 것이다.

본 장에서는 가드망저와 사크테리에에서 해야 할 다양한 업무를 유형별로 설명하고 맡은 임무와 생산품을 교육훈련 중심으로 소개하고자 한다. 그렇지만 현대 들어 가드망저와 사크테리에의 업무가 매우 광범위하여 그 경계를 측정하기 어려우므로 기본적인 것과 학생들이 반드시 배워야 하는 부분만을 선별하여 소개하였다.

3. 가드망저, 즉 콜드키친의 기본업무

가드망저의 근본적인 업무는 메뉴, 즉 뷔페나 특별행사메뉴, 기본메뉴, 연회메뉴 등에서 필요한 요리를 계획하고, 준비하여 고객에게 불편함이 없도록 생산해내는 일이다. 여기에서 요리라고 하면 차가운 수프와 샐러드 그리고 전채요리를 포함하여 차갑게 제공되는 요리를 말한다. 이들 요리 중 대표적인 것이 차가운 생선 칵테일, 샐러드와 샌드위치류, 드레싱, 파테 및 테린 등이 있으며, 일정한 규칙은 없지만 특수하게 주문되는 차가운 요리도 포함된다.

다만 차가운 요리 중에 포함되어 있는 소시지나 훈제한 육류 또는 생선 등을 실제적으로 만드는 일은 가드망저의 업무에서 제외되는 경우가 있다. 일반적으로 이러한 제품들은 부처(butcher)에서 만들어져 가드망저로 공급되면 가드망저에서는 요리를 꾸미거나 완성품을 만들면 된다. 그 이유는 제품을 만들기 위해서는 시간적 · 공간적 제약은 물론이고 각종 육류를 생산하는 부처 주방이 가드망저보다는 생산에 있어서 보다 효율적이기 때문이다. 따라서 부처에서 생산하는 각종 제품들을 제외한 대부분의 요리는 가드망저에서 자체적으로 만들어서 사용한다.

4. 전통적 가드망저

전통적으로 가드망저는 거대하고 화려한 음식을 예술적으로 조각하거나 각종 접시와 커다란 거울판에 담아내는 작업을 하는 곳이었다. 이러한 음식은 매우 복잡하고 정교하게 만들어지는데, 주로 차가운 소스를 기본으로 하여 채소와 육류, 생선들을 잘라 정교하게 맞추는 모자이크, 그림 등을 만들어 냈다. 이러한 작업은 최고의 예술적 가치를 추구하였으며 오늘날에는 실제적으로 기능을 발휘하지 않는 것까지도 포함하고 있다. 이 당시 인건비가 저렴했기 때문에 가능했다.

5. 현대적 가드망저

현대에 와서 가드망저는 음식은 차가운 음식을 만드는 곳으로 기능이 변했다. 오늘날에는 높은 인건비로 인해 전통적인 예술적 작업은 하기 어려워졌지만 일부 차가운 음식을 만드는 과정에서 데코레이션과 가니시 그리고 샐러드와 소스 등을 만들고 있다.

오늘날 레스토랑에서 가드망저의 업무는 파테(Pâté), 테린(Terrine), 소시지(Sausages), 그리고 신선한 치즈(Fresh Cheese)를 만드는 기술을 요구하고 있다.

그렇지만 레스토랑의 성격이나 규모에 따라서 요구되는 기술의 정도는 다양한데 찬 요리와 뜨거운 요리를 구분하였을 때 차가운 음식을 준비하고 이를 다룰 줄 아는 기술은 기본적으로 필요하다. 그렇지만 여기서 말하는 차가운 음식기술이라고 하는 것에는 뜨거운 요리를 다루는 로스팅, 포칭, 씨머링, 소테 등등 기술도 포함된다. 가드망저에서 중점을 두고 조리를 하는 것은 음식의 맛을 강조하는 아름다움이다. 즉 "보기 좋을 뿐만 아니라 맛도 좋은 것"을 만들어 내야 한다.

(1) 찬 음식의 기본철학

① 찬 음식을 만드는 데 있어 반드시 차가운 음식으로 한정하는 것은 아니다. 뜨겁거나 차거나 좋은 음식을 만드는 데에 그 목적이 있다.
② 식전 칵테일, 애피타이저, 차가운 뷔페 등을 만드는 데 있어서 처음으로 고객들이 처음 접하는 음식이므로 깊은 인상을 심어 줄 수 있는 외관적 아름다움이 있어야 한다.
③ 지나치게 손이 많이 가거나 도를 넘은 장식은 피해야 한다.
④ 음식은 색상과 외관에서 반드시 식욕을 자극할 수 있어야 한다.
⑤ 색상은 부드럽고 자연스러운 것을 선택하고 인공적인 색상이나 효과를 주려는 것은 피해야 한다.
⑥ 요리는 작고 얇게 썰고, 시각적인 효과를 살려 접시에 담겨야 한다.
⑦ 시각적 향 : 다진 허브, 눈에 보이는 가니시, 썰어둔 형태, 조리된 정도가 모두 시각적으로 맛과 향을 느낄 수 있어야 한다.
⑧ 단순함과 우아함 그리고 맛에 대한 기대, 자연스러움이 서로간에 균형을 이루어야 한다.

(2) 가드망저의 5대 업무

① 뷔페(Buffets)
② 알라카트 애피타이저(à la Carte appetizers)
③ 조각 및 얼음 장식(Decorative pieces, including ice sculptures)
④ 음식보조준비(Commissary)
⑤ 식전요리(Reception Foods)

Chapter 4 젤라틴

1. 가공 젤라틴 제품

가공 젤라틴은 순수한 젤라틴을 추출하여 사용이 편리하도록 만든 제품이다. 즉 동물의 뼈, 근육 속에는 콜라겐이라고 하는 일종의 단백질이 있는데 이를 물과 함께 오랜시간 삶게 되면 수용성으로서 물에 녹아들게 된다. 이렇게 물에 녹아내린 콜라겐을 정제하게 되면 젤라틴이 되는데 동물성 단백질 성분으로 인해 상온에서도 매우 끈끈한 상태를 유지하는 성질이 있다. 이러한 성질을 이용해서 요리에 적용하는 것으로 젤리 형태나 어떤 모양이 요구되는 음식을 굳혀서 그 모양을 만들어 내는 역할을 한다.

일반적으로 젤라틴은 물과 함께 25℃에서 완전히 녹고 10℃에서 굳게 된다. 이러한 젤라틴은 크게 식용, 의약용, 공업용으로 사용된다. 오늘 주제와 같은 식용 젤라틴은 쉽게 녹는 성질과 적당한 탄력성, 투명성 등을 지니고 있어 초콜릿, 껌, 디저트, 소시지, 아이스크림, 와인에 이르기까지 다양하게 사용하고 있다.

Check point

일반적인 젤라틴 모양 Available Forms

1. 가루 젤라틴
2. 종이형태 젤라틴
3. 사보리 젤리믹스 형태

2. 젤라틴 작업하기

(1) 가공 젤라틴 작업

반드시 젤라틴과 물(액상재료)을 정확하게 계량하여 준비한다.

① 상온의 물을 볼에 담고 젤라틴 가루를 표면에 골고루 뿌린다.
② 젤라틴에 물이 스며들 때까지 약 10~15분 동안 그대로 둔다.
③ 45~60℃ 온도로 중탕하며 젤라틴을 녹인다.

(2) 사용목적별 젤라틴 농도

젤라틴 농도는 음식이나 사용목적에 따라 달라지므로 매우 중요한 요소이다. 사용하는 물의 종류에 따라 젤라틴의 농도역시 일부 차이는 있을 수 있겠지만 일반적인 사용목적별 농도를 반드시 기억해 두어야 작업을 할 때 편리하다.

아래 제시된 표는 일반적인 사용목적별 젤라틴 농도이다. 필요에 따라 이를 기준으로 사용하는 것이 매우 효과적이다.

젤라틴 양/물의 양	젤라틴 농도의 상태	사용목적
60g/4L	부서지기 쉬운 젤 상태	칼로 썰 필요가 없이 스푼으로 뜨거나 개별 용기를 이용해서 먹을 수 있는 음식을 만들 때
120g/4L	코팅용 젤 상태	굳혀서 먹을 수 있는 찬 음식 또는 카나페나 각종 페이스트리의 표면을 코팅할 때
180~240g/4L	칼로 썰어질 정도의 상태	특정한 형태를 만들어 칼로 썰어서 사용할 때
300~360g/4L	단단한 젤 상태	먹을 용도가 아닌 접시바닥에 음식을 담기 위해 젤라틴을 거울처럼 깔아서 사용할 때 또는 장식용 젤라틴을 만들 때

(3) 젤라틴 녹이기 (Tempering Gelatin)

대부분에 사용되는 젤라틴은 그 용도에 맞도록 적당한 온도로 바꾸어 주어야 하는데 이러한 작업을 '젤라틴 녹이기' 라고 하며 아래와 같은 순서에 의해서 이루어진다.

① 적당한 비율로 녹여서 따뜻한 상태의 젤라틴을 볼에 담는다.
(Warm and fluid gelatin (or aspic) is placed in a bowl.)

② 젤라틴을 담은 볼보다 한 사이즈 큰 볼을 준비하여 얼음물을 1/3쯤 채운다.
(Ice water is placed in a bowl one size larger than the gelatin bowl.)

③ 젤라틴이 담긴 볼을 얼음물이 담긴 볼에 담그고 국자를 이용해서 바닥을 중심으로 하여 국자를 젓는다.
(The bowl of gelatin is placed in the ice bath. Spin the gelatin bowl against the back of a ladle so that the ladle is pressed against the inner surface of the gelatin bowl.)

④ 국자의 뒷부분이 볼에 닿는 부분에서 걸리는 느낌이 들면 젤라틴 볼을 얼음물이 담긴 볼에서 꺼내 계속하여 저어 준다. 이때 바닥에 굳었던 젤라틴이 떨어지는 느낌을 받을 수 있는데, 계속하여 천천히 젓는다.
(When a 'cushion' of gelatin is felt against the inner surface of gelatin bowl, remove it from the ice bath and continue to spin it against the back of the ladle until the cushion melts down to the pint where the ladle is felt scraping against the gelatin bowl.)

⑤ 계속하여 젓다 보면 저온의 상태에서 젤라틴이 적당히 녹은 상태를 유지하게 된다.
(Repeat this process until the desired temperature or viscosity is obtained.)

⑥ 젤라틴이 용도보다 더 굳었거나 농도가 짙으면 뜨거운 젤라틴을 조금씩 더 첨가한다.
(If the gel becomes to cold or to thick, add some hot gel to it.)

* 젤라틴을 너무 뜨겁거나 차가운 상태에서 음식에 사용하면 재료에 영향을 주거나 원하는 결과를 얻기 어렵기 때문에 사용에 적합한 상태를 만들어 주어야 한다.

Check point

교수데모/학생실습

데모에 중점사항으로는 가공젤라틴을 네 가지 다른 비율로 물에 넣어 만드는 작업을 학생들에게 이해시키는 것이다. 이 때 중요한 것은 네 가지 다른 농도의 비율이 각 사용목적별로 구분되어야 한다.

1. 60mL/4L 비율과 10ml 젤라틴/500mL물
2. 120mL/4L 비율과 20ml 젤라틴/500mL물
3. 240mL/4L 비율과 30ml 젤라틴/500mL물
4. 360mL/4L 비율과 40ml 젤라틴/500mL물을 만들어 굳힌 다음 서로 비교한다.

논의

1. 가장 좋은 선택은 어떤 젤라틴이 될 수 있을까? 시간적인 측면, 맛적인 측면, 향이나 품질, 또는 인건비, 재료 등
2. 젤라틴을 녹일 때 주의해야 할 사항은 어떤 것일까?
3. 찬요리와 뜨거운 요리의 차이점과 찬요리의 특성에는 어떤 것이 있을까?
4. 현대에 와서도 길드나 사크떼리에, 가드망저의 기능을 분화되어 운영되고 있나?
5. 부처와 가드망저의 업무 구분은 어떻게 해야 하나?

3. 젤라틴

(1) 젤리(Gelee)

젤라틴이 들어 있는 액체로서 온도에 따라 변화된다.

(2) 아스픽 젤리(Aspic Gelee), 아스픽을 사용하는 이유

① 맛과 향을 보존하기 위함.
② 외관을 보기좋게 하기 위함.
③ 재료들 간 접착이 좋게 하기 위함.
④ 요리전시회

(3) 아스픽 젤리 만드는 방법

① **전통적인 방법** : 만드는 데 가장 많은 시간이 소요된다.
② **젤라틴 스톡** : 결합조직이 많이 함유된 동물의 부위를 끓여서 만든다. ([예] 족, 목뼈, 등뼈, 껍질, 그밖의 부산물)

③ 젤라틴 스톡은 최소 12시간 이상 끓여서 젤라틴이 충분이 우러나도록 해야 한다.
④ 식히는 과정, 정제하는 과정, 농도 조절을 위해 졸이는 과정 등이 있다.

(4) 상용 젤라틴 만드는 방법

① 맛을 낸 스톡을 섞어서 사용한다. 필요하면 정제와 졸이는 과정을 통한다.
② 사용용도에 따라 젤라틴을 첨가한다.

(5) 즉석 젤라틴 만들기

필요에 따라 젤라틴을 끓여 놓은 콘소메에 첨가한다.

(6) 가루 젤라틴 만들기

① 구매된 가루 젤라틴을 즉석에서 섞어 사용한다.
② 시간은 절약되지만 품질에 차이가 있다.
③ 주로 접시나 유리, 은접시 코팅용으로 사용한다.

Check point

주방에서 젤라틴을 만들려면?

주방에서 직접 젤라틴을 만들기 위해서는 먼저 콜라겐이 풍부하게 들어 있는 육류를 이용하여 스톡 형태로 끓이면 된다. 콜라겐이 많이 들어 있는 재료로는 주로 연골과 결합조직이 풍부한 것들로서 우족, 돼지족, 껍질부분, 등뼈, 목뼈, 꼬리뼈 등이다. 이러한 재료들을 이용하여 스톡을 끓이면 되는데 적어도 12시간 이상 지속적으로 은근히 끓이면서 국물을 졸여 주면 된다. 이렇게 만들어진 국물을 'gelee'라고 하고 프랑스어 역시 'jelly' 라고 한다. 우리나라 말로 옮기면 "진한육즙" 또는 "육 엑기스" 라고 표현할 수 있다. 이렇게 만들어진 진한 스톡을 한 단계 더 작업을 해야 하는데, 불순물을 정제하는 과정이 바로 이 작업이다.

불순물을 정제하는 과정으로는 '콘소메(Consomme)' 를 만드는 과정이라고 이해하면 된다. 즉, 달걀흰자를 거품내어 미르쁘와, 향신료를 넣어 정제과정을 거치게 되면 비로소 '아스픽 젤리(aspic gelee)' 가 된다. 이렇게 만들어진 아스픽 젤리와 일반 가공 젤라틴과의 차이점은 두말할 것도 없이 맛과 풍부한 향이다. 가공 젤라틴은 무미 무향이다. 따라서 주방에서 직접 만들어진 아스픽 젤리는 자연 그대로의 맛을 포함하고 있어 요리에 사용할 때 단순하게 굳히거나 농도조절의 효과만이 아니라 풍부한 맛도 낼 수 있다.

1주 2일차 스케줄

<table>
<tr><td colspan="7">목표: 냉 소스 및 샐러드에 대한 기술을 습득하고 익힌다.</td></tr>
<tr><td>실습 내역
(Contents)</td><td colspan="6">1. 마요네즈 및 파생 소스 만들기(Mayonnaise, Small Mayonnaise Sauce)
2. 비네그레트 만들기(Vinaigrette)와 기타 소스 만들기(Cold Special Sauce)
3. 샐러드 만들기(Simple, Composed, Special Salad)
4. 샐러드 드레싱(Salad Dressing)
5. 다음 시간 준비와 실습실 정리정돈(Assignment Tomorrow)</td></tr>
<tr><td rowspan="10">실습도구 목록
(Utensil List)</td><td>번호</td><td>품목</td><td>수량</td><td>번호</td><td>품목</td><td>수량</td></tr>
<tr><td>1</td><td>스테인리스 볼</td><td></td><td></td><td></td><td></td></tr>
<tr><td>2</td><td>국자</td><td></td><td></td><td></td><td></td></tr>
<tr><td>3</td><td>테이블 스푼</td><td></td><td></td><td></td><td></td></tr>
<tr><td>4</td><td>거품기</td><td></td><td></td><td></td><td></td></tr>
<tr><td>5</td><td>소스용 주걱</td><td></td><td></td><td></td><td></td></tr>
<tr><td>6</td><td>레몬 압착기</td><td></td><td></td><td></td><td></td></tr>
<tr><td>7</td><td>달걀 분리용 그릇</td><td></td><td></td><td></td><td></td></tr>
<tr><td>8</td><td>도마</td><td></td><td></td><td></td><td></td></tr>
<tr><td>9</td><td>칼</td><td></td><td></td><td></td><td></td></tr>
</table>

<table>
<tr><td rowspan="13">진행시간 배분</td><td colspan="4">총 실습시간(Total Lab Time) 5시간</td></tr>
<tr><td>시간 배분</td><td>강의내용
(Lecture contents)</td><td>강의순서
(Lecture Outlines)</td><td>비고
(Remarks)</td></tr>
<tr><td>60</td><td>이론강의
(Lecture)</td><td>냉 소스, 샐러드
(Cold Sauce, Salad)</td><td>이론</td></tr>
<tr><td>30</td><td>재료 및 시범준비
(Mise en Place)</td><td>시범 메뉴에 따른 식자재, 기구 배치
(Ingredient and Utensil)</td><td>데모준비</td></tr>
<tr><td>30</td><td rowspan="2">시범
(Demonstration)</td><td rowspan="2">마요네즈, 샐러드
(Mayonnaise, Salad)</td><td rowspan="2">교수데모</td></tr>
<tr><td>30</td></tr>
<tr><td>30</td><td rowspan="3">학생실습
(Activity)</td><td rowspan="3">마요네즈 만들기, 레시피에 따른 샐러드 만들기
(Mayonnaise, Small Mayonnaise Sauce Salad)</td><td rowspan="3">학생실습</td></tr>
<tr><td>30</td></tr>
<tr><td>30</td></tr>
<tr><td>30</td><td>질문과 토의
(Question)</td><td>주제범위 내에서 질문과 토의
(Question and discuss)</td><td>명확한 이해 점검</td></tr>
<tr><td>30</td><td>청소
(Clean−up)</td><td>다음준비점검
(Assignment Tomorrow)</td><td>위생 점검</td></tr>
</table>

Chapter 1 수업점검사항

① 냉 소스의 정의
② 냉 소스 응용
③ 가드망저에서 사용하는 기본적인 냉 소스
④ 쿨리소스 만드는 방법
⑤ 마요네즈 만드는 방법과 마요네즈 소스
⑥ 비네그레트(vinaigrette) 만드는 방법

1. 실습개요 (Class Activites)

가드망저에서 냉 소스를 만드는 것과 핫 키친에서 소스를 만드는 것은 비슷한 기능을 한다고 보면 된다. 냉 소스를 만드는 방법은 매우 다양하기 때문에 교수는 기본이 되는 방법을 준비해야 한다.

이 중 반드시 해야 하는 것은 쇼-프라[1]와(chaud-froid)의 기능과 만드는 방법 1가지를 보여주고 함께 이야기를 나누는 것이다. 그리고 현대에 와서 영양적인 관점과 가드망저에서 만드는 소스의 중요점을 설명한 다음 쿨리(Coulis), 살사(salsas) 소스 만드는 방법과 대표적인 한 가지를 만들어 보여주도록 한다. 좀더 깊이 들어간다면 대표적인 고전 소스 1~2개와 현대 소스 1~2개를 만들어 서로 맛과 만드는 과정을 비교하여 보도록 한다.

2. 주요 단어 (Key Terms)

① 쿨리(Coulis)
② 설탕조림(Compote)
③ 마요네즈(Mayonnaise)
④ 처트니(Chutney)
⑤ 비네그레트(Vinaigrette)
⑥ 살사(Salsa)
⑦ 쇼-프라와(Chaud-froid)

1 쇼-프라와(chaud-froid)는 '뜨거운 그리고 차가운' 이라는 프랑스어로 조리 후 음식을 내기 전에 음식을 차게 만드는 것을 뜻한다. 뷔페 음식에서 육류, 가금류 또는 해산물의 장식적인 코팅으로 차갑게 내는 소스들을 '쇼-프라와' 라고 한다. 전통적으로 베사멜 소스(bechamel dauce)나 크림 또는 아스픽(aspic) 등으로 만드는데, 이 방법의 특징은 식품을 고기 젤리로 코팅한 후에 고기 젤리가 굳어지도록 식힌다는 점으로 모양을 내어 자른 채소를 고기 젤리 안에 넣어서 여러 가지 색깔의 장식이 되도록 하기도 한다. 이러한 쇼-프라와는 전시용 요리의 장식을 하는 데 이용된다.

Chapter 2 전통적인 냉 소스만들기

1. 냉 소스(Cold Sauce)

조리사에게 있어서 가장 기본적인 기술은 소스를 만들 수 있는 능력이다. 소스는 매우 광범위한 내용들을 포함하고 있지만 가드망저에서는 주로 차가운 소스, 즉 냉 소스에 초점을 맞추어야 한다. 가드망저 셰프는 소스를 만들 때 식초와 오일 그리고 허브의 균형을 정확하게 맞추어서 소스를 만드는 재능을 가지고 있어야 한다.

특히 샐러드와 에피타이저, 오드볼 등 다양한 음식과 재료에 따라 맛, 향, 질감, 색상을 고려하여 소스를 만들어 내야 하므로 상당한 수준의 전문적 지식과 기술이 필요하다. 따라서 셰프는 요리를 준비할 때에 어떤 소스를 곁들일 것인가? 어떤 요소들을 결합할 것인가? 어떤 맛에 초점을 맞출 것인가?를 스스로 질문하여 그 초점을 명확히 해야 할 것이다. 그러나 아무리 새로운 소스라 할지라도 지금까지 많은 선배 조리사들이 맛을 검증하고 기호도가 높은 대중적 소스들에 대해 지식을 익힌 후 자신만의 소스를 개발해야 할 것이다.

가드망저에서 일반적으로 만들어지는 소스는 ① 유화 소스(Cold Emulsion Sauces), ② 유제품(Dairy based sauces), ③ 살사(Salsas), ④ 퓌레와 쿨리(Puree and Coulis)가 있다.

2. 유화 소스(Cold Emulsion Sauces)

냉 소스의 대표적인 것이 바로 유화 소스군인데, 여기에는 비네그레트(Vinaigrette)와 마요네즈(Mayonnaise)가 있다. 이들 소스는 두 가지 재료를 중심으로 하여 균형을 이루도록 하는 것인데 완전유화와 불완전 유화로 구분한다. 먼저 비네그레트의 경우 식초와 오일을 일정한 비율로 사용하여 서로 섞게 되는데, 일시적으로는 식초의 덩어리와 오일의 덩어리가 유화상태를 유지하지만 시간이 지나면서 다시 두 그룹으로 분리되게 된다.

완전 유화의 경우 마요네즈가 대표적으로 일단 유화가 되고 나면 급속하게 외부 환경이 변화하지 않는 한 유화상태를 그대로 유지한다. 이렇게 유화 소스를 만드는 데는 두 가지 재료를 결합시켜 주는 역할을 하는 유화제를 필요로 하게 되는데, 이들 소스에 사용되는 유화제로는 달걀 노른자, 머스터드크림, 그라스비앙, 전분 등을 사용한다.

이러한 재료들은 두 재료들 사이의 계면장력[2] 에 관여하여 재료들이 원위치로 돌아가려는 것을 방해하여 안정감을 갖게 한다.

(1) 비네그렛(Vinaigrette)

비네그레트는 샐러드와 매우 밀접한 관계를 가지고 있는 소스지만 각종 육류와 생선, 곡류, 파스타 등을 마리네이드 하는 데도 유용한 소스이다. 대부분 냉 소스로 사용되지만 경우에 따라서는 뜨거운 요리에도 사용할 수 있다. 비네그레트는 오일이 전체 구성에 큰 부분을 차지하지만 신맛을 내기 위해 사용하는 식초의 종류에 따라 이름이 정해지는 것이 일반적이다.

예를 들어 레몬주스를 사용하면 레몬 비네그레트(Lemon Vinaigrette), 발사믹 식초를 사용하면 발사믹 비네그레트(Balsamic Vinaigrette)로 명명하게 된다. 그렇지만 모두 그런 것은 아니다. 경우에 따라서는 오일의 이름을 따서 부르기도 하고, 대표적인 맛이 무엇인가에 따라서 이름을 정하게 된다. 비네그레트를 만들 때는 먼저 일정한 비율([예] 식초 1 : 오일 3)을 정하여 레시피를 구성한 다음 기호도에 따라서 비율을 조정하면 보다 완벽한 비율을 찾아 낼 수 있다.

(2) 마요네즈(Mayonnaise)

마요네즈는 냉 소스 중에서 가장 대중성이 있는 모체소스라고 볼 수 있다. 앞서 설명한 바와 같이 마요네즈는 완전 유화로 인해 그대로 두어도 분리되지 않는다. 기본적인 마요네즈에 어떤 재료를 더하는가에 따라서 다양한 파생 소스들이 발생하게 되는데, 샐러드 드레싱과(Dip) 샐러드 드레싱(dressing)과 딥(Dip) 소스로 많이 사용된다.

마요네즈는 달걀 노른자와 오일의 결합으로 만들어지게 되는데, 조리사가 되기 위해서는 기초적으로 마요네즈 만드는 과정을 이해하고 이를 실행할 수 있는 기술을 습득해야 한다.

전통적으로 마요네즈를 만들 때 달걀 노른자와 오일의 비율은 달걀 노른자 1개에 오일 180~240mL를 기준으로 하고 있다. 마요네즈는 만드는 과정에서 잘못 다루게 되면 분리되어 난감할 때가 있는데, 분리되는 원인으로는 ① 달걀 노른자를 충분히 휘핑하지 않고 오일을 넣을 경우, ② 오일을 너무 급하게 첨가하는 경우, ③ 휘핑 속도가 부정확할 경우에 발생한다.

---

2 액체의 자유표면에서 표면을 작게 하려고 작용하는 힘을 말하며 표면장력이라고도 한다. 액면 부근의 분자가 액체 속의 분자보다 위치 에너지가 크기 때문에 액체는 표면적에 비례하는 표면 에너지를 가지고 있으며, 이로 인해 표면장력이 발생한다.

마요네즈가 분리되었을 때에는 다른 볼을 준비하여 달걀 노른자 하나와 따뜻한(약40℃) 물 1Ts을 넣고 젓다가 분리된 마요네즈를 넣어가며 마요네즈 만드는 방법으로 작업하면 된다.

만들어 놓은 마요네즈는 ① 지나치게 높은 농도로 만들었을 경우, ② 온도가 너무 낮거나 높은 경우에 분리된다.

일단 완성된 마요네즈는 플라스틱 용기에 담아 제조날짜를 표기하여 냉장보관하도록 한다.

(3) 유제품(Dairy based sauces)

유제품으로 만들어지는 소스는 샐러드 드레싱으로 사용할 목적이 지배적인데, 사용되는 재료로는 부드러운 치즈류와 사워크림, 요거트 등이 있다. 특히 치즈로는 크림 치즈와 코티지 치즈, 블루 치즈 등이 있으며 섬세한 향이 나는 허브를 첨가하고 우유나 생크림을 이용해서 농도를 조절한다. 유제품 소스는 쉽게 맛이 변질될 수 있으므로 만든 즉시 사용하는 것이 좋다.

(4) 살사(Salsas)

살사 소스는 익히지 않는 과일이나 채소를 이용하여 신선한 상태로 만들어진다. 주로 멕시코와 남미, 그리고 인도 요리에서 살사 사용이 빈번한 다. 주 재료로는 채소와 과일을 이용하지만 레몬주스, 식초, 매운 고추 등을 넣어 자극적인 맛을 내기도 한다.

(5) 퓌레와 쿨리(Purées and Coulis)

에스코피(Escoffier)에 의해 쓰인 《Le Guide Culinaire》에 따르면 쿨리 소스를 만들 때 식재료의 에센스(essence)를 농축하여 진한 맛을 내는 것으로 설명하고 있으나 현대에 와서는 과일이나 채소를 퓌레로 만들어 농도를 조절한 다음 소스로 사용하는 것으로 발전하였다. 경우에 따라서는 주스를 내어 졸인 후 농도가 나면 이것으로 접시 담기에 활용할 수 있다. 소스 농도를 내기 위해서 약간의 전분을 사용하기도 한다.

(6) 과콰몰레 (Guacamole)

과콰몰레는 멕시칸 요리에 사용되는 대표적인 소스로서 '구아카몰레(Guacamole)' 라고 발음하지만 빠르게 발음하면 '과콰몰레' 가 된다. '구아카' 는 멕시코에서 아보카도를 지칭하는 '아구아카테(Aguacafe)' 에서 유래되었으며, 뒤에 '몰레' 는 멕시코 원주민어로 '소스' 를 뜻한다.

숙성된 아보카도를 으깨고, 양파 · 토마토 · 고수잎은 굵게 다져 넣은 뒤 레몬주스, 매운 고추 등으로 맛을 낸다.

마요네즈 만들기 시범(Mayonnaise Making)

마요네즈 만드는 기본 순서도

1. 달걀 노른자를 분리해서 넣고 거품기로 젓는다.

2. 레몬주스나 식초를 넣는다.

3. 소량의 기름을 넣어가며 크림 형태로 만든다. 반복하여 식초와 기름을 넣는다.

4. 완성된 마요네즈는 플라스틱 용기에 보관한다.

01 기본 마요네즈 (Basic Mayonnaise)

산출량 1L

재 료

3개	달걀 노른자
30mL	식초
30mL	물
10mL	머스터드 크림
720mL	식용유
½ ts	소금
½ ts	백후추
30mL	레몬주스

Cook's Tip

· 작업 중 분리현상이 나타나면 작업을 중지하고 다른 볼에서 처음부터 다시 시작하여 마요네즈가 완성되면 분리되었던 재료를 넣어서 마요네즈를 완성한다.

만드는 방법

1. 달걀 노른자와 식초, 물, 머스터드 크림을 볼에 담고 약간의 거품이 날 때 까지 거품기로 가볍게 젓는다.
2. 식용유를 조금씩 넣어 가며 계속하여 거품기로 젓는다. 이때 크림현상이 나타나며 끈끈해지기 시작한다. 식용유의 양을 조금 더 늘려 계속하여 같은 방법으로 작업을 하고 식용유가 모두 들어갈 때까지 같은 방법으로 작업한다.
3. 소금과 후추, 레몬주스를 넣고 맛을 조절한다.
4. 플라스틱 용기에 넣어 냉장보관 하였다가 필요할 때 사용한다.

02 머스터드 허브 비네그레트 (Mustard Herb Vinaigrette)

산출량 1L

재 료

240mL	식초
60mL	디존 머스터드
2Ts	다진 파슬리
½ ts	다진 양파
⅛ ts	다진 마늘
⅛ ts	백후추
2 ts	백설탕
2Ts	다진 허브(파슬리, 차이브, 처빌)
720mL	식용유
필요한 경우	물
¼ ts	소금

Cook's Tip

· 잘 섞은 재료에 오일을 조금씩 천천히 넣어가며 저어준다.

만드는 방법

1. 물과 식용유를 제외한 모든 재료를 볼에 담고 잘 섞는다.
2. 거품기로 저으면서 물과 식용유를 넣고 필요한 양념으로 간을 한다.
3. 바로 사용하거나 필요한 경우는 냉장보관 후에 잘 저어서 사용한다.

03 지중해식 고추와 타임 비네그레트
(Mediterrane Pepper, Thyme Vinaogrette)

산출량 10인분

재 료

180mL	올리브 오일 (타임을 넣어 향을 낸 것)
60mL	레몬주스
1Ts	다진 타임
1Ts	다진 오레가노
1Ts	다진 파슬리
1Ts	다진 샬롯
½ Ts	소금
¼ Ts	후추
2개씩	붉은/녹색/노란 피망 (구워서 껍질 제거 후 가늘게 썬 것)
200g	토마토 줄리엔
115g	으깬 페타 치즈
60g	올리브(씨를 뺀 것)
30g	케이퍼
60g	크루통
60g	구운 잣

만드는 방법

1. 비네그레트 재료를 블렌더에 넣어 곱게 간다.
2. 토마토와 후추, 치즈 올리브, 케이퍼를 비네그레트에 넣고 잘 젓는다.
3. 상온에 한 시간 정도 둔 후 냉장보관한다.
4. 서빙할 때 잣과 크루통을 곁들여 낸다.

04 시저 드레싱 (Caesars Dressing)

산출량 1L

재 료

85g	안초비 필렛
15g	머스터드 크림
3개	다진 마늘
1Ts	우스터 소스
180mL	붉은와인식초
1 ts	후추
30mL	프레시 레몬주스
60g	프레시 파마산 치즈(갈은 것)
½ ts	타바스코 소스
540mL	올리브 오일

만드는 방법

1. 올리브 오일을 제외한 모든 재료를 볼에 담고 섞는다.
2. 식재료가 크림 상태가 되면 올리브 오일을 조금씩 첨가하며 계속 하여 젓는다.
3. 유화상태가 되면 소금과 후추를 조절하여 샐러드와 함께 곧바로 제공하거나 냉장보관 하였다가 사용한다.

05 르몰라데 소스
(Remoulade Sauce)

산출량 1L

재 료

680mL	마요네즈
60g	다진 케이퍼
60g	다진 피클
3Ts	잘게 썬 차이브
3Ts	다진 처빌
3Ts	다진 타라곤
1Ts	디존 머스터드
1ts	곱게 다진 안초비
¼ts	소금과 후추
½ts	검은 후추
2~3방울	타바스코 소스

만드는 방법

1. 모든 재료를 볼에 담고 잘 섞는다.
2. 냉장고에 보관한 후 필요에 따라 사용한다.

06 타르타르 소스
(Tartar Sauce)

산출량 1L

재 료

1L	마요네즈
360g	물기 뺀 피클
60g	다진 케이퍼
2개	다진 삶은 달걀
½ts	소금
½ts	흰후추
½ts	우스터 소스
2~3방울	타바스코 소스

만드는 방법

1. 모든 재료를 볼에 담고 골고루 잘 섞는다.
2. 냉장고에 보관하였다가 필요할 때 덜어서 사용한다.

07 토마토 살사 소스 (Tomato Salsa Sauce)

산출량 1L

재 료

600g	네모썰기한 토마토
100g	잘게 썬 양파
100g	썰어 놓은 녹색 피망
2쪽	다진 마늘
100g	썰어 놓은 고수
10g	썰어 놓은 오레가노
2Ts	라임주스(필요시 레몬주스)
10g	다진 할라피뇨
30mL	올리브 오일
¼ts	흰 후추
2Ts	소금

만드는 방법

1. 모든 재료를 볼에 담고 잘 섞는다.
2. 냉장고에 보관한다.
3. 필요할 때 꺼내서 사용한다.

08 과콰몰레 (Guacamole)

산출량 1L

재 료

10개	숙성된 아보카도
2개	라임
200mL	토마토(작은 네모썰기 한 것)
10mL	다진 할라피뇨
2줄기	썰어 놓은 실파
40mL	타바스코 소스
1ts	소금
¼ts	으깬 검은 통후추(파슬리, 차이브, 처빌)

만드는 방법

1. 아보카도는 씨와 껍질을 제거하고 볼 위에 굵은 체를 놓고 체를 통해 내린다.
2. 모든 재료를 넣고 소금과 후추로 간을 한다.
3. 플라스틱 컨테이너에 옮겨 담고 뚜껑을 덮어 냉장고에 보관한다.
4. 콰콰몰레는 당일 만들어 사용하는 것이 좋다.

Chapter 4 샐러드(Salad)

샐러드란 말은 이탈리아 고대어 '소금을 뿌리다(insalata)' 에서 유래되었다. 이 말은 소금을 뿌리거나 절인다는 말로서 음식에 소금을 사용한다는 의미를 가지고 있다. 또한 라틴어로는 " 소금을 뿌린 향초(Herba Salate : 소금을 뿌린 허브)" 라는 말에서 유래되었는데, 시간이 지나면서 익혀 먹는 방식의 샐러드로 발전하게 되었다.

조리대사전에서 샐러드의 뜻을 살펴보면 'A dish of raw or cold cooked foods, usually dressed and seasoned, for serve.' 즉, '고객에게 제공하기 위하여 익히거나 생래료에 드레싱과 양념을 한 음식' 이라고 매우 광범위하고 애매한 표현을 하고 있다. 2000년 전 로마와 바빌로니아 사람들은 혼합한 채소에 드레싱을 얹어 먹었는데, 이 드레싱은 식초와 올리브 오일을 사용한 것으로 1699년에 만들어진 조리책에 설명되어 있다. 또한 스코틀랜드 여왕인 메리(Mary, Queen of Scots)는 삶은 셀러리 뿌리에 크림머스터드 드레싱과 처빌, 삶은 달걀을 올려 먹었음을 묘사하고 있다.

미국에서 샐러드가 대중화된 시기는 19세기 말과 20세기 중반이다. 유럽에서 미국으로 이민온 많은 이민자들이 슈퍼마켓이나 식당에서 그들만의 특유한 샐러드를 팔면서 샐러드 바가 생겨났고 패스트푸드 체인을 통해서 건강식으로 인식된 샐러드는 전세계적으로 퍼져나가게 되었다.

샐러드는 크게 ① 그린 샐러드(Green Salad), ② 혼합 샐러드(Composed Salad), ③ 곁 샐러드(Side Salad) 등으로 나눌 수 있다.

그린 샐러드 (Green Salad)

시저 샐러드 (Caesar Salad)

독일식 감자 샐러드 (German Potato Salad)

(1) 그린 샐러드(Green Salad)

그린 샐러드(Green Salad)는 단순 샐러드(Simple Salad)라고도 하며 잎채소류와 새싹, 각종 부분의 채소류가 주류를 이룬다. 이러한 잎채소 중심의 그린 샐러드는 선택하는 소스에 따라서 그 맛이 다양하게 달라질 수 있다. 그린 샐러드에 사용되는 잎채소류는 순한 맛과, 강한 맛 그리고 허브류 등으로 구분하여 사용할 수 있다. 순한 맛의 잎채소류는 가벼운 레몬 비네그레트 정도의 드레싱을 뿌려 제공할 수 있으며, 강한 맛의 잎채소는 전체요리에 사용하면 적격이다.

순한 맛의 잎채소에는 상추계통의 잎채소로서 양상추, 버터헤드레터스, 로마인 레터스 등이 있다. 강한 맛을 내는 잎채소로는 물냉이, 아루굴라, 미츠바, 탓사이 등이 있다. 그밖에도 쓴맛을 내는 것으로는 벨기안엔다이브, 단델리온, 치커리가 있다. 허브 계통으로는 실란트로, 베이질, 파슬리, 처빌과 딜 등이 있다.

로메인

샐러드본레드

양상추

적오크

청상추

겨 자

미즈나

비타민

레드쏘렐

교 나

방풍잎

들깨순

노랑치커리

어린고수

딜

치커리

처 빌

어린당나귀

더덕잎

(2) 혼합 샐러드

반면, 혼합 샐러드는 육류, 국수류, 생선 등을 혼합하여 만들어 내는 샐러드다. 경우에 따라서 샐러드 자체가 메인 요리가 될 수 있는데, 단순 샐러드의 경우 코스 요리에서 하나의 코스 역할을 하기도 하고 애피타이저와 같은 요리에 곁들여 내기도 한다.

(3) 곁 샐러드

한편 곁샐러드는 주요리에서 주 재료를 보조해 주는 곁들임재료로 사용되는 경우가 많다. 샐러드는 고전적인 의미 그대로 채소, 특히 잎채소에 샐러드 소스를 뿌려서 먹던 방식이 발전하여 현대에 와서는 거의 모든 재료로 샐러드를 만들 수 있게 변화되었다.

01 콜슬로 샐러드 (Coleslaw Salad)

산출량 10인분

재 료

500g	가늘게 썬 양배추
100g	가늘게 썬 붉은 양배추
50g	당근 줄리엔
50g	노란 피망 줄리엔
50g	붉은 피망 줄리엔
50g	붉은 양파 줄리엔

드레싱

40mL	설탕
2ts	머스터드
1ts	셀러리 씨드
100mL	마요네즈
100mL	사워크림
30mL	식초
1Ts	호스래디시
1Ts	소금
1/5ts	후추
1ts	타바스코 소스

만드는 방법

1. 샐러드 재료는 싱싱하게 한 다음 냉장고에 보관한다.
2. 드레싱 재료를 모두 볼에 담고 잘 섞는다.
3. 물기를 제거한 샐러드 재료는 볼에 담고 드레싱을 넣어 잘 버무린다.
4. 곧바로 서빙한다.

02 독일식 감자 샐러드
(German Potato)

산출량 10인분

재료

1kg	감자
115g	굵게 썬 베이컨
225g	양파 (중간 네모나게 썰어 놓은 것)
120mL	식초
½ ts	식용유
½ ts	소금
¼ ts	후추
2 ts	디존 머스터드
480mL	치킨 스톡(뜨거운 상태)
60g	썰어 놓은 차이브

만드는 방법

1. 감자를 깨끗하게 씻어서 껍질을 벗기지 않은 상태로 삶아 익힌다. 뜨거운 상태에서 건져내어 껍질을 벗기고 3mm 두께로 썰어 둔다.
2. 팬에서 베이컨을 소테하여 기름이 빠질 정도까지 조리한 다음, 양파를 넣어 투명해질 때까지 볶는다. 이때 기름이 너무 많으면 일부 제거한다.
3. 식초와 소금, 후추, 오일, 머스터드, 스톡, 차이브를 베이컨 볶은 것에 넣고 은근히 끓인다.
4. 뜨거운 상태에서 썰어 놓은 감자에 끓인 소스를 넣고 따뜻한 곳에 20분 정도 둔다.
5. 뜨거운 상태로 서빙한다.

03 시저 샐러드 (Caesar Salad)

산출량 2인분

재 료

285g	로마상추(한 입 크기로 자른 것)
2쪽	다진 마늘
3필렛	안초비
30mL	레몬주스
60mL	엑스트라버진 올리브 오일
½ ts	굵게 으깬 후추
225g	갈아 놓은 파마산 치즈
170g	크루통(일반 또는 마늘향)

만드는 방법

1. 로마상추는 씻은 후 물기를 완전히 제거하여 냉장상태로 둔다.
2. 마늘을 곱게 갈아 샐러드 볼에 넣고 마늘향이 나도록 주위를 문질러 준다.
3. 블렌더에 안초비를 넣고 천천히 돌리면서 레몬주스와 올리브오일을 넣어 드레싱을 만든다.
4. 드레싱에 치즈를 조금씩 넣어 완성한다.
5. 볼에 준비된 로마상추를 담고 드레싱을 넣어 가볍게 버무려서 소스가 골고루 묻도록 한다.
6. 소금과 후추로 간을 하고 접시에 담은 후 크루통과 안초비 필렛을 뿌려 서빙한다.

04 버팔로 스타일 치킨 샐러드
(Buffalo Chicken Salad)

산출량 10인분

재 료

10개	닭다리살
570g	믹스그린 샐러드
180mL	비네그레트
85g	버터
¾ ts	카이엔페퍼
2Ts	레몬주스
15g	다진 파슬리
1 ½Ts	핫소스
½ts	소금
50개	샐러리 줄기(알뤼메뜨 사이즈)
285g	토마토 콩카세
60g	굵게 다진 셀러리 잎
600mL	블루 치즈 드레싱

만드는 방법

1. 닭다리에서 살을 분리한 후 하나를 4등분 정도의 길이로 썬다. 이렇게 썬 닭고기를 기름에서 6~7분가량 바삭바삭할 때까지 튀겨 낸다.
2. 믹스그린 샐러드를 볼에 담고 비네그레트와 함께 가볍게 토싱(Tossing)하여 접시에 담는다.
3. 프라이한 닭고기를 볼에 담고 버터, 페퍼, 후추, 레몬주스, 다진 파슬리, 핫소스, 소금을 넣어 가볍게 버무린다.
4. 샐러드 위에 닭튀김과 셀러리 스틱, 그리고 토마토 콩카세, 블루 치즈 드레싱을 뿌려서 제공한다.

05 셰프 샐러드
(Chef's Salad)

산출량 10인분

재 료

900g	믹스그린 샐러드
455g	훈제 햄 슬라이스
10개	닭가슴살(익혀서 썬 것)
10개	토마토(껍질 제거 후 웨지로 썬 것)
10개	삶은 달걀(웨지로 썬 것)
1개	썰어 놓은 오이
1개	썰어 놓은 당근
3개	얇게 썬 살라미
300g	체다 치즈 줄리엔
300g	그레이어 치즈 줄리엔
2Ts	다진 차이브

만드는 방법

1. 차가운 볼에 샐러드를 담고 차가운 접시도 준비한다.
2. 접시에 샐러드를 담고 그 위에 익혀서 썬 닭가슴살과 웨지로 썬 삶은 달걀 및 치즈 등을 보기 좋게 놓는다.
3. 맨 위에 썬 차이브를 올린다.
4. 원하는 드레싱을 뿌려서 서빙한다.

1주 3일차 스케줄

목표 : 샌드위치 및 초절임에 대한 지식과 기술을 익힌다.

실습 내역 (Contents)	1. 클로즈 샌드위치(Closed Sandwiches) 2. 뜨거운 샌드위치(Hot Sandwiches) 3. 피클 만들기(Pickles) 4. 강의 정리 및 토론(Discuss for issues) 5. 정리정돈과 계획(Assignment Tomorrow)

실습도구 목록 (Utensil List)

번호	품목	수량	번호	품목	수량
1	조리용 칼				
2	작은 칼				
3	도마				
4	야채거름기				
5	스테인리스 볼				
6	손잡이 냄비				
7	나무주걱				
8	샐러드용 접시				
9	거품기				

진행시간 배분

총 실습시간(Total Lab Time) 4시간

시간 배분	강의 내용 (Lecture contents)	강의순서 (Lecture Outlines)	비고 (Remarks)
30	이론강의 (Lecture)	샌드위치 개념, 피클 및 절임 (Background of Sandwich, Pickles)	
30	재료 및 시범준비 (Mise en Place)	레시피에 따른 재료, 도구 준비 (Review the Recipes and Mise en Place)	
30	시범 (Demonstration)	1. 샌드위치(Sandwiches) 2. 절임채소(Pickles) 3. 절임(Marinated and Cured)	
30			
30	학생실습 (Activity)	1. 샌드위치(Sandwiches) 2. 절임채소(Pickles)	
30			
30			
30	질문과 토의 (Question)	1. 용어 정의 명확하게 익히기 실습에 대한 토의 2. 실습실 정리정돈	

Chapter 1 수업점검사항

① 샌드위치에 대한 정의와 의미를 알고 있어야 한다.
② 샌드위치 4대 요소와 기능을 알고 있어야 한다.
③ 샌드위치의 종류와 용도별 생산방법을 알고 있어야 한다.
④ 채소 초절임, 즉 피클 만드는 방법에 대해 알고 있어야 한다.
⑤ 피클의 조리원리를 이해하고 있어야 한다.
⑥ 완성된 피클의 보관방법 및 사용법을 알고 있어야 한다.

Chapter 2 샌드위치

샌드위치는 기원을 따지기 이전에 많은 방법으로 만들어져 사용되어 왔다. 이미 많은 사람들이 알고 있는 것처럼 존 몽태귀(John Montague) 백작이 게임 중 점심으로 먹으면서 더 유명해진 것은 사실인 듯하다. 1940년에 루이스(Louis P. De Gouy)에 의해 만들어진 샌드위치 매뉴얼에 따르면 뉴욕의 유명한 월드로프 아스토리아 호텔(Waldort Astoria Hotel)의 셰프는 수백 가지 종류의 다양한 샌드위치를 정리해서 만들고 있었다고 한다.

현대 샌드위치 역시 그 종류가 매우 많고 다양한데, 카나페(Canapes)와 같은 핑거(Finger) 샌드위치, 티(Tea) 샌드위치에서부터 빵바냐(Pan Bagnat)에 이르기까지 수천 가지에 이르고 있다. 샌드위치에 사용되는 빵 종류도 전통적인 샌드위치 빵에서부터 멕시칸 타코, 와플 등 그 수를 이루 헤아릴 수 없을 정도이다. 그렇다면 어떻게 샌드위치를 정의하고 이를 구분하는가? 샌드위치는 주로 사용되는 빵이 무엇인가? 빵과 빵 사이에 어떤 것으로 속을 채우는가? 또는 어떤 목적으로 서빙이 되는가? 이러한 내용으로 나누어 보면 쉽게 알 수 있다. 그렇지만 크게는 온도에 따라서 뜨거운 샌드위치(Hot Sandwiches)와 차가운 샌드위치(Cold Sandwiches)로 구분하고 모양과 목적에 따라서 핑거 샌드위치와 티 샌드위치 등으로 구분한다.

차가운 샌드위치는 주로 쇼케이스에 전시하면서 판매되는 대부분의 샌드위치이며, 빵에 마요네즈 또는 버터를 발라 채소와 육류로 속을 채워 간단하게 먹을 수 있게 한 것이다.

뜨거운 샌드위치는 속재료를 뜨겁게 하여 만든 것으로서 햄버거, 패스트라미, 그릴 생선 등이 있다. 또한 뜨거운 재료들과 잘 어울리는 소스를 사용하여 보다 다양한 맛을 내기도 한다. 한편 핑거 샌드위치와 티 샌드위치는 작고 아름답게 만들어진 것으로 차나 칵테일과 함께 한 입 또는 두 번에 걸쳐 먹을 수 있게 만들어진 샌드위치이다.

1. 샌드위치 구성요소 (Sandwich Elements)

가드망저에서 준비하는 샌드위치의 대부분은 식전행사에 핑거 샌드위치 또는 티 샌드위치를 비롯하여 차가운 샌드위치를 주로 담당하고 있다. 물론, 전채요리에도 샌드위치 스타일의 음식이 있기도 하고, 야외용 샌드위치를 만들기도 한다. 차가운 샌드위치의 경우 곧바로 사용하기보다는 일정기간 보관하거나 만드는 시간과 먹는 시간의 간격이 커서 일정시간이 흐르면서 샌드위치의 품질이 급격하게 저하되는 문제가 발생할 수 있다.

따라서 샌드위치에 사용되는 재료들의 특성을 잘 이해하고 시간의 흐름에 따라 재료가 변화되거나 품질이 떨어지는 상태를 점검하면 보다 질 높은 샌드위치를 만들 수 있다. 아울러 샌드위치를 만든 후 보관하는 방법을 숙지하여 고객이 음식을 접하는 시점에 최적의 맛을 낼 수 있도록 하여야 한다.

샌드위치는 첫째, 어떤 빵(Breads)을 사용하는가? 둘째, 빵에 어떤 스프레드(Spreads)를 사용할 것인가? 셋째, 어떤 속(Fillings)을 넣을 것인가? 넷째, 어떤 가니시(Garnishes)를 사용할 것인가? 하는 4요소로 구분한다.

2. 빵 (Breads)

샌드위치에 사용되는 빵은 어떤 종류라 할지라도 가능하지만 속을 감쌀 정도로 충분한 넓이를 가지고 있어야 한다. 전통적인 빵들은 대부분 샌드위치로 적합하다.

특히 정형적인 풀만(Pullman Loaves)은 차가운 샌드위치에 많이 사용할 뿐만 아니라 핑거와 티 샌드위치에도 유용하다. 물론, 티 샌드위치나 핑거 샌드위치에는 겉껍질을 제거하고 일반 샌드위치보다는 더 얇게 썰어 사용한다.

그 외에 특별한 용도 또는 재료를 사용하여 만들어진 빵은 샌드위치의 맛을 보다 다양하게 하는데, 번(Buns)이나 롤(Roll) 또는 랩(Wrappers)과 같이 빵 자체가 독특함을 가지고 있으면 여기에 속을 넣어 더욱 변화된 샌드위치를 만들 수 있다.

샌드위치용 빵은 충분한 두께와 견고함을 가지고 속을 충분히 감쌀 수 있어야 한다. 하지만 너무 두껍거나 단단할 필요는 없으며, 빵이 너무 건조하면 맛있는 샌드위치를 만들 수 없다. 샌드위치를 만들기 위해서 빵을 적당한 크기로 미리 썰어 두어야 한다. 이때 빵이 마르지 않도록 덮어 두는 것이 중요하고, 샌드위치의 종류에 따라서 빵을 구워야 할 때도 있는데, 이때 역시 높은 열을 사용하여 표면만 재빨리 구워 내야 한다. 빵의 종류는 아래와 같다.

① 풀만 식빵(White, Wheat, Rye)
② 시골풍 빵(Peasant Style Breads)
③ 포카시아 식빵(Foccacia Style)
④ 롤(Hard Roll, Soft Roll, Kaiser roll)
⑤ 말이용 빵(Wrappers, Crepes, Phyllo)

3. 스프레드(Spreads)

거의 모든 샌드위치에는 스프레드를 사용한다. 스프레드를 사용하는 목적은 빵 속에 채우는 재료에서 흘러 나오는 수분에 의해 빵이 축축해지는 것을 방지하기 위해서이며 한편으로는 샌드위치를 먹을 때 침샘을 자극하여 목마름을 방지해 주는 역할도 한다.

경우에 따라서는 샌드위치 재료에 스프레드가 포함되어 있기도 하다. 아울러 스프레드가 샌드위치의 맛을 좌우하기도 하는데, 속채움 재료의 특성에 따라 마요네즈 · 버터 · 허브버터 · 크림 치즈 등을 사용한다. 스프레드는 맛이 단순하여 다른 재료의 맛을 보충해 주는 정도가 좋으며 샌드위치 질감과도 연관되어 있다. 다음에 제시한 스프레드를 살펴보고 취향과 재료 등을 고려하여 어떤 것을 사용할 것인지 선택하도록 한다.

① 마요네즈(Mayonnaise)
② 버터(Butter)
③ 케첩(Ketchup)
④ 크림타입 치즈(Cheese such as Ricotta, Cream–cheese, Mascarpone)
⑤ 잼, 젤리(Jam, Jelly)
⑥ 허브 및 기타(Tapenade, Pesto)
⑦ 과카몰레(Guacamole)
⑧ 오일 및 식초(Oil, Vinaigrettes)

4. 샌드위치 속(Fillings)

샌드위치에 들어가는 속은 차가운 재료 또는 뜨거운 재료를 사용할 수 있으며 양에 대한 제한을 받을 수 있다. 또한 맛에 대한 구분이 명확해야 한다.

클럽 샌드위치를 예로 들면, 재료의 굽는 정도나 두께 등이 정확해야 불편함 없이 샌드위치를 먹을 수 있다. 샌드위치 속은 어떻게 구성할 것인가를 결정하고 준비를 해야 하며 재료들 간의 맛도 조화가 잘 이루어져야 한다.

① 슬라이스(Sliced Roasted, Meat, Pates, Turkey, Cheese)
② 그릴(Grilled Meat, Vegetables)
③ 샐러드(Leaf Salad, Mixed Salad)

5. 가니시(Garnishes)

샌드위치에서 가니시는 매우 다양하지만 일반적으로 주 재료 이외에 들어가는 것을 모두 가니시로 볼 수 있다. 따라서 육류나 치즈 등의 주 재료를 보완해 주기 위한 잎상추, 토마토, 양파 등 모든 것들이 가니시가 된다. 가니시는 주 재료의 맛을 보충 또는 보완해 주고, 외관상으로도 아름답게 만들어 준다. 특히 티 샌드위치나 오픈 샌드위치(Open Sandwiches)의 경우, 가니시의 기능은 매우 중요하다.

① 그린 샐러드(Green Salad)
② 잎채소(Leaves)
③ 피클 및 올리브(Pickles, Olives)
④ 딥(Dips)
⑤ 과일(Fruits)

6. 샌드위치 구조(Sandwich Styles)

(1) 클로즈드 샌드위치 (Closed Sandwiches)

샌드위치의 속 양쪽에 빵을 감싸서 먹는 형태를 영어로는 클로즈드(Closed) 샌드위치, 즉 닫힌 샌드위치라고 하는데 샌드위치 만드는 방법에 따라 2단 또는 3단의 빵이 층을 이루면서 그 사이에 속을 넣게 된다.

(2) 오픈페이스샌드위치 (Open faced Sandwiches)

클로즈드 샌드위치와는 달리, 속을 채운 후 위에 빵을 얹지 않은 형태의 샌드위치를 말한다. 오픈페이스 샌드위치를 줄여서 오픈 샌드위치라고도 하는데, 이러한 형태의 샌드위치는 양쪽에 빵을 올린 클로즈드 샌드위치에 비해서 먹는 데 불편함이 있을 수 있다. 따라서 손가락으로 들어 한입에 쉽게 먹을 수 있을 정도의 크기로 만든다. 또한 클로즈드 샌드위치에서보다 화려하고 시각적인 면을 중시하게 된다.

(3) 핑거 (Finger), 티 (Tea) 샌드위치

핑거 또는 티 샌드위치는 샌드위치 중에서도 작고 아름다운 모양으로 만든다. 주로 칵테일 파티나 간단한 차와 함께 먹는 음식으로서 식사보다는 안주 또는 간식용으로 만든다. 따라서 핑거 또는 티 샌드위치를 만들 때는 양을 중시하기보다는 스타일과 조화를 중시하여야 한다. 물론, 맛과 고객의 취향도 중요한 요소로 고려해야 한다.

7. 피클(Pickle)

피클이란 식품을 소금에 절여서 저장하는 과정인 '피클링(Pickling)' 에서 나온 단어로서 주로 소금에 절여 두어 저장을 하게 되면 발효에 의해 신맛이 나오게 된다. 이렇게 식품을 소금에 절여 저장을 하고 그 결과로 만들어진 식품을 '피클(Pickle)' 이라고 한다.

한편 대부분의 박테리아는 pH 4.6 이하에서는 사멸하거나 성장을 하지 못하기 때문에 피클링은 이러한 조건을 만들어 쉽게 상할 수 있는 재료를 저장하여 몇 달 정도 보관할 수 있다. 또한 항바이러스 효과가 있는 겨자씨, 마늘, 계피, 클로브 등의 허브나 스파이스를 첨가하여 효과를 높이기도 한다. 한국의 김치나 독일의 샤워크라우트(Sauerkraut)는 먼저 소금을 뿌려 재료 속 수분을 제거한 후 발효시킨 대표적인 피클이라고 보면 된다.

우리에게 가장 잘 알려진 피클은 오이 피클(Cucumber pickle)로서 미국과 캐나다에서는 피클이라고 하지만 영국에서는 저킨(gherkins)이라고 한다. 하지만 이 용어 역시 일부 조금씩 그 해석이 다르므로 대표적인 오이피클에 대한 명칭별 의미를 알아보도록 한다.

(1) 저킨(Gherkin)

저킨의 어원은 서인도 오이의 종류에서 비롯되었다. 서아프리카에서 서인도에 전해진 이 오이는 포르투갈 항해사들로부터 유럽에 전해지면서, 특히 영국에서 절임 오이로 사용되면서 일반명사로 변화되었다. 저킨은 크기와 모양이 일정하고 단단한 과육을 가지고 있어 소금과 식초에 절여서 일정기간 두어도 아삭아삭한 맛이 살아 있다. 피클을 만든 후 다양한 용도로 사용된다.

(2) 커니천(Cornichon)

저킨이 성장한 오이를 사용하여 만든 피클이라면 커니천(Cornichon)은 어린 저킨에 식초와 타라곤을 넣어서 만든 전형적인 프랑스 스타일의 피클이다. 어린 오이를 사용하다 보니 저킨과 비교했을 때 질감에 차이가 있고 오이의 가시가 그대로 남아 있어 표면이 매끄러운 저킨과 모양새도 비교가 된다. 프랑스 전통음식에서는 파테(Pâtés)와 함께 사용하는 것이 일반적이다.

(3) 코셔딜 (Kosher dill)

코셔(Kosher)라는 의미로 볼 때 유대교 율법적 의미가 있는 것처럼 보이지만 반드시 그렇지만은 않다. 물론 유대인들의 식사법에 의해서 유래되었으나 미국으로 이민 온 유대인들의 전통조리법에 따라 피클을 만들면서 이름이 굳어진 것으로 보인다.

코셔딜 피클은 명칭에 포함된 딜(Dill)과 마늘(Garlic)을 천일염에 절인 오이와 함께 만드는 것이 일반적이다. 다만 발효 정도에 따라 신맛이 강한 '풀 사워(Full sour)' 와 신맛이 약한 '하프 사워(Half-sour)' 로 부른다.

앞서 언급한 바와 같이 코셔(Kosher)라는 의미가 무색하게 딜(Dill) 피클의 경우 러시아와 우크라이나 · 독일 · 폴란드 등에서 이미 몇 백년 전부터 사용되어 온 전통적인 방식이다.

01 달콤한 피클
(Sweet Pickles Chips)

산출량 10L

재 료

2kg	오이
500g	양파
500mL	식초
15g	소금
1ts	머스터드 씨드
400g	설탕
2L	물
30g	셀러리 씨드
15g	으깬 올스파이스 알
2 ts	터메릭(심황)

만드는 방법

1. 오이는 가시를 제거하고 둥글게 썰어 둔다.
2. 양파는 오이 두께 정도로 썬다.
3. 식초 1/2과 소금, 머스터드씨드, 설탕 30밀리와 물을 넣어 섞는다.
4. 3에서 섞은 것을 은근하게 10분 정도 씨머링(simmering)한 다음에 물기를 빼낸다. 이때 물은 버린다.
5. 나머지 재료들을 냄비에 담고 재료들이 모두 잘 녹아서 섞일 때까지 끓인다.
6. 섞은 오이와 양파에 붓고 냉장고에서 3~4일 보관한 다음, 병에 넣어 냉장고에 둔다(냉장 상태에서 한 달 정도 보관이 가능하다).

02 딜향 피클
(Dill Pickles)

산출량 5kg

재 료

5kg	오이
22L	물
1kg	소금
2L	식초
15L	딜 씨드
50g	피클 스파이스
15g	터메릭 가루
100g	설탕
4개	말린 매운 고추
10줄기	딜 줄기기
5쪽	으깬 통마늘

만드는 방법

1. 피클용 통오이를 깨끗하게 씻은 후, 물 20L에 소금 800g을 넣고는 상온에서 24시간 이상 담가 두었다가 물기를 뺀다.
2. 식초와 나머지 물 2L에 소금 200g을 넣고 딜 씨드 · 피클 스파이스 · 더메릭 · 설탕을 넣어 10분 정도 끓인다.
3. 플라스틱 통에 오이와 매우 고추, 딜 줄기, 마늘을 담는다.
4. 피클 스파이스와 식초 및 물 섞은 것을 넣고 무거운 것으로 눌러 준 후, 상온에서 식힌다. 완전히 식으면 냉장고에 넣고 보관한다. 약 1주일 정도 지나면 맛이 들어서 먹기 좋다.
5. 약 한 달 정도 냉장고에서 보관하면서 사용할 수 있다.

03 약산 피클
(Semi Sour Pickles)

산출량 2kg

재 료

0.5kg	썰어 놓은 오이
0.5kg	썰어 놓은 당근
0.5kg	썰어 놓은 양파
0.5kg	썰어 놓은 피망
3줄기	프레시 딜
3개	으깬 통마늘
2개	월계수 잎
2L	물
120g	소금
30g	설탕
200mL	식초

만드는 방법

1. 부식되지 않는 컨테이너에 딜, 마늘, 월계수 잎을 놓고 그 위에 오이 썬 것을 올린다.
2. 물에 소금, 설탕, 식초를 넣고 끓인 후 오이에 붓고 그대로 식힌다.
3. 완전히 식으면 냉장고에 넣고 3일 정도 두었다가 맛이 스며들 때 서빙한다. 약 한 달 정도 냉장 보관이 가능하다.

04 빵바냐
(Pan Bagnat)

산출량 10인분

재 료

드레싱

90mL	레드와인식초
15mL	다진 바질
100mL	굵게 다진 이탈리안 파슬리
4쪽	안초비
1개	다진 할라피뇨
200mL	엑스트라 버진 올리브 오일

샌드위치

10개	타원형 바게트 하드롤
500g	투나 콩피
200mL	토마토 콩카세
200mL	피망(구워서 껍질을 제거 후 다진 것)
50mL	굵게 다진 블랙올리브
1개	오이(작은 네모썰기 한 것)
70mL	붉은 양파(작은 네모썰기 한 것)
2개	삶아 다진 달걀
50mL	케이퍼
4쪽	다진 마늘
맛을 낼 정도	소금, 검은 후추

만드는 방법

1. 바질, 파슬리, 안초비, 할라피뇨, 비네그레트를 믹서기에 넣고 갈아서 퓌레를 만든다. 이때 오일을 넣어 끈끈해지도록 한다.
2. 바게트를 길이로 잘라 내부에 속을 넣을 정도로 파낸다.
3. 빵에서 파낸 속을 다져서 투나, 토마토, 피망, 올리브, 오이, 양파, 달걀, 케이퍼, 다진 마늘을 넣고 여기에 소금과 후추로 간을 한 후 약간의 드레싱을 넣는다.
4. 빵 안쪽에 오일을 바르고 속을 채운 후 눌러 단단하게 한 다음, 샌드위치 포장용 종이로 감싼 후 잘라서 서빙한다.
5. 만들고 한 시간 이상을 넘기지 않아야 한다.

05 연어 B.L.T (Salmon B.L.T)

산출량 10인분

재 료

300mL	마요네즈
15mL	다진 케이퍼
맛을 낼 정도	소금
맛을 낼 정도	검은 후춧가루
60mL	올리브 오일
10개	연어 필렛
30쪽	구운 베이컨
20쪽	샌드위치 빵
20잎	양상추 잎
30쪽	썬 토마토

만드는 방법

1. 마요네즈에 다진 케이퍼를 넣어 잘 섞은 후 소금과 후추로 양념을 한다.
2. 오일에도 소금과 후추로 간을 한 다음, 연어에 기름을 발라 그릴에서 양쪽을 2분 정도씩 구워 내부까지 완전히 익힌다.
3. 베이컨을 팬에 올려 기름기가 빠질 때까지 굽는다.
4. 구운 식빵에 케이퍼를 넣은 마요네즈를 바르고 그 위에 양상추, 베이컨, 연어 순으로 올려 다른 식빵으로 덮는다.
5. 먹기 좋은 상태로 썰어서 피클 또는 샐러드와 함께 제공한다.

06 오이 티 샌드위치 (Cucumber Tea Sandwich)

산출량 30개

재 료

3개	통오이
10쪽	식빵쪽
400g	크림 치즈
200g	크림 버터
5개	그린올리브

만드는 방법

1. 오이를 슬라이스 기계로 얇게 썬다.
2. 빵에 버터를 바르고 그 위에 슬라이스 한 오이를 가지런히 얹는다.
3. 손가락 두 개 정도의 넓이로 직사각형으로 썬다.
4. 생크림에 소금과 후추로 양념하여 짤주머니에 넣고 샌드위치 위에 짜서 올린다.
5. 그린 올리브로 가니시를 한다.

Cook's Tip

- 토마토, 햄, 삶은 달걀 등을 같은 방법으로 만들 수 있다.

07 닭고기 버거
(Chicken Burger)

산출량 10인분

재 료

30mL	다진 샬롯
30mL	식용유
500g	다진 양송이
90mL	백포도주
½ ts	소금
¼ ts	후추
1kg	다진 닭고기
200mL	빵가루
2ts	다진 오레가노 · 차이브 · 바질
½ ts	다진 로즈마리
½ ts	케이준 양념
10쪽	슬라이스 치즈
20쪽	구운 샌드위치 빵
600mL	토마토 케첩

만드는 방법

1. 프라이팬에 식용유를 두르고 약간 센불에서 다진 샬롯을 소테한다. 불을 더 높이고 양송이를 넣어 물기가 없어질 때까지 볶는다. 와인을 넣고 소테를 계속하여 수분을 증발시켜 부드럽게 한다.
2. 소금과 후추로 양념을 한 후에 불에서 내린 다음, 볼에 담아 완전히 식힌다.
3. 빵가루와 다진 닭고기, 소테한 재료, 그리고 각종 허브, 양념을 넣고 잘 섞는다.
4. 완전히 섞이면 20g 정도를 떼어서 팬에 구운 다음, 간과 맛을 본다. 조정이 필요하면 조정한다.
5. 이렇게 만들어진 버거 속을 150g 정도로 만들어 둔다.
6. 그릴에서 양쪽이 브라운색이 날 정도로 소테한 다음, 팬에 담아 165℃ 오븐에서 완전히 익힌다.
7. 샌드위치 빵에 넣어 다른 재료들과 서빙한다.

08 콘비프 샌드위치 (Corned Beef Sandwich)

산출량 10인분

재 료

200g	버터
20쪽	라이브레드
20쪽	스위스 치즈 슬라이스
20쪽	콘비프 슬라이스
600g	브레이징 사워크라우트
150mL	러시안 드레싱

브레이징 사워크라우트

180g	다진 양파
30g	베이컨
500g	절인 사워크라우트(물기 제거한 것)
30g	설탕
200mL	치킨 스톡
맛을 낼 정도	소금
맛을 낼 정도	백후추

만드는 방법

콘비프 샌드위치

1. 버터를 라이브레드 위에 발라 버터가 발린 면을 아래로 가도록 팬에 놓고 그 위에 스위스 치즈를 얹는다.
2. 치즈 위에 콘비프를 얹고, 사워크라우트 1/2을 얹고 러시안 드레싱을 1Ts 정도 뿌린다.
3. 각 샌드위치를 위와 아래로 덮어서 양쪽면이 고르게 브라운색이 나고 치즈가 녹아내릴 정도로 뜨거워지면 팬에서 옮긴다.
4. 뜨거운 상태에서 썰어서 뜨거운 접시에 담아 독일식 감자 샐러드와 함께 제공한다.
   ※ 샌드위치를 만들 때 한쪽은 사워크라우트를 올리고 다른 한쪽은 없는 채로 덮는다.

브레이징 사워크라우트

1. 팬에 베이컨과 양파를 넣어 양파가 부드러워질 때까지 볶는다. 이때 사워크라우트와 설탕, 스톡, 소금, 후추를 넣는다.
2. 약 30~40분 정도 은근하게 조리한다. 사워크라우트에 수분이 완전히 스며들 때까지 한다.
3. 소금과 후추로 간을 조절하고 식힌 후 냉장보관하였다가 필요할 때 꺼내서 사용한다.

1주 4일차 스케줄

목표 : 오드볼 기술과 카나페 및 식전음식에 대한 기술을 익힌다.

실습 내역 (Contents)	
	1. 오드볼(Hors d' oeuvre)
	2. 식전음식(Reception Food)
	3. 카나페와 칵테일 푸드(Canapes & Cocktail food)
	4. 기초적인 염장, 마리네이드법(Marinated and Cure, Gravlax)
	5. 토의 및 정리정돈(Assignment Tomorrow)

주요 도구목록 (Utensil List)

번호	품 목	수량	번호	품 목	수량
1	칼				
2	도마				
3	대나무 꼬치				
4	라운드 커터				
5	접시				
6	파이핑 팩과 노즐				
7	스테인리스 볼				
8	거품기				
9	고무주걱				

진행시간 배분

총 실습시간(Total Lab Time) 5시간

시간 배분	강의 내용 (Lecture contents)	강의순서 (Lecture Outlines)	비고 (Remarks)
60	이론강의 (Lecture)	전채요리와 환영 메뉴, 카나페에 대한 정의 (Reception Menu, Canapes)	
30	재료 및 시범준비 (Mise en Place)	요리 재료와 기구를 순서별로 배치한다. (Setting Ingredients and Utensils)	
30	시범 (Demonstration)	• 글라블락스 데모(Gravlax Salmon) • 전체요리와 카나페, 환영메뉴 시범 (Canapes, Reception Food)	
30			
30	학생실습 (Activity)	1. 애피타이저와 오드볼 만들기 (Appetizer, hors d'œuvre) 2. 카나페 만들기(Canapes) 3. 식전 음식 만들기(Reception Food)	
30			
30			
30			
30	질문과 토의 (Question)	토의, 청소 및 정리 Assignment Tomorrow	

Chapter 1 수업점검사항

① 오드볼(hors d'œuvre)이란 무엇인가?
② 뜨거운 오드볼과 차가운 오드볼의 차이점
③ 카나페 만드는 과정에 대한 이해
④ 마리네이드와(marinades), 큐어(cures), 브라인(brines)의 차이점
⑤ 마리네이드와(marinades), 큐어(cures), 브라인(brines) 용도와 사용법
(위 내용들을 질문하고 정확하게 답을 하는지 점검할 것)

1. 학습 내용

1. 소개되는 오드볼과 식전음식에 대해서 이해한다.
2. 뜨거운 식전음식과 차가운 식전음식에 대한 차이에 대해서 논의한다.
3. 식전음식을 만들기 위한 재료의 종류와 성격 그리고 음식을 만들기 전에 계획을 세우는 작업 등에 대해서 소개한다.
4. 마리네이드(Marinades), 브라인(brines), 큐어(cures)를 설명하고 오드볼을 만드는 데 있어 고려해야 할 사항과 가드망저에서의 작업 등을 소개한다.

2. 주요 단어

① 오드볼(Hors d'œuvre)
② 식전음식(Reception food)
③ 카나페(Canapes)
④ 마리네이드(Marinades)
⑤ 브라인(Brines)
⑥ 큐어(Cures)
⑦ 스테이크 타르타르(Steak Tartar)
⑧ 카파치오(Carpaccio)

3. 강의 주제

① 오드볼의 정의
② 오드볼 만드는 방법
③ 마리네이드(marinades), 브라인(brines), 큐어(cures) 정의

4. 교수 데모

① 마리네이드(marinade)
② 큐어(cure)
③ 브라인(brine)
④ 오드볼(Hors d'oeuvre)
⑤ 카나페(Canapes)

5. 기본적인 재료

① 받침 : 식빵, 호밀빵, 바게트, 통밀빵, 크래커 등
② 양념 : 버터, 마요네즈, 크림 치즈, 머스터드 크림 등
③ 주재료 : 가금류, 생선류(mousse, salad, smoked), 햄 또는 소시지, 오이, 토마토, 멜론 등
④ 고명 : 견과류, 과일, 올리브, 달걀, 양파, 피클, 호스래디시, 케이퍼, 향신료, 허브 등

6. 강의 가이드라인

- 카나페 : 얇고 시각적인 면, 한입 사이즈 샌드위치, 스칸디나비아에서 유래됨.
- 카나페의 구성

① 받침(Base) : 일반적으로 빵을 사용할 경우에 따라 별도로 카나페용 빵을 만든다.
② 양념(Spread) : 버터 50%, 크림 치즈 50%
③ 양념(Spreads)은 주로 빵과 주재료가 잘 떨어지지 않게 하고 받침인 빵의 맛을 높여 줄 수 있는 것으로 사용한다. 아울러 주재료와도 잘 어울리는 맛이어야 한다.
④ 카나페에 사용되는 주재료
⑤ 고명(Garnish)

Chapter 2 오드볼(Hors d'œuvre)

가드망저 일은 차가운 음식을 만드는 데 중점을 두고 있다. 이러한 일 중에 오드볼을 만드는 작업도 포함되어 있는데, 오드볼이란 대형 뷔페나 중요한 행사를 하기 전에 간략하게 먹는 음식 또는 칵테일 파티에서 제공되는 음식, 그리고 결혼식이나 개업식 등에서 준비하는 음식이라고 할 수 있다.

아울러 오드볼(Hors d'oeuvre)이라는 의미를 정확하게 이해하고 음식을 만들어야 할 것이다.

프랑스 말로 '오드볼(Hors d'oeuvre)' 은 합성어로서 'Hors(밖 : Outside, 앞 : Before)' 을 뜻하고, 'Oeuvre(일 : work, 식사 : foods)' 를 뜻한다. 주방에서 이 의미는 주요리와 구분되어 제공되는 음식을 말하는데, 이것은 크게 그날에 제공되는 주요음식과 구분하여 준비하는 것과 시간적으로 주요음식이 시작되기 전에 제공되는 뜻을 포함하고 있다. 따라서 주 음식은 따로 있기 때문에 위에 부담을 주는 음식이 되어서는 안 된다.

일반적으로 네 가지 형식의 오드볼은 핑거푸드(finger foods), 카나페(canapes), 차가운 오드볼(cold hors d'œuvre), 뜨거운 오드볼(hot hors d'œuvre)로 나뉜다. 이러한 오드볼은 용도나 목적에 따라 다양한 방법으로 조리를 구현할 수 있다. 주방의 인적 구성, 예산, 비용 등을 고려하여 셰프가 형식을 결정하게 된다.

1. 카나페(Canapes)

(1) 카나페의 정의

빵을 잘라 그 위에 각종 재료를 올려 한입 크기로 만든 다음, 칵테일 또는 와인 안주 또는 식전용으로 만든 작은 음식을 말한다. 카나페는 받침(Base), 양념(Spread), 주재료(Topping), 고명(Garnish)으로 구성되어 있다. 가끔 연회요리에서 알라카트(à la carte)로 만들어 사용하기도 한다. 카나페는 다른 말로 어뮤즈 젤리(amuse geuelle)라고 부르기도 한다. 일반적으로 식빵을 5mm 두께로 썬 후 다양한 모양으로 잘라내어 그 위에 버터를 바르고 주 재료를 올린 다음, 주 재료에 어울리는 고명을 하게 된다.

카나페를 만들 때 신경쓸 가장 중요한 요소는 신선한 느낌이 들도록 하는 것이므로 가능하면 서빙하기 바로 전에 만들면 좋다. 그렇지 못할 경우 만들어 냉장보관하게 되는데, 이때에는 표면에 젤라틴을 발라 마르는 것을 방지한다. 받침으로 식빵 대신에 크래커나 보리빵 등 다양한 재료로 변화를 줄 수 있다.

(2) 대표적인 카나페

받침용 빵	주 재 료	고 명
식 빵	아스파라거스, 햄, 새우, 삶은 달걀	마요네즈, 체리, 토마토, 피클 등
바게트	스테이크 타르타르, 훈제연어 등	올리브, 피클 양파, 케이퍼 등
호밀빵	치즈류	허브류
통밀빵	햄 및 육류	과일 또는 피클류

(3) 카나페 만드는 순

1. 식빵을 원하는 두께로 자른다.

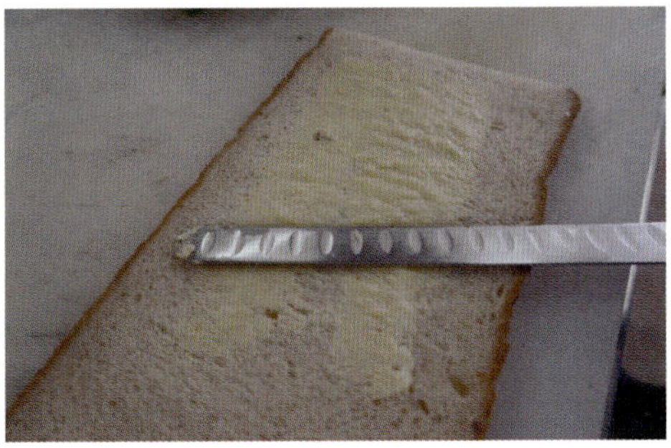

2. 버터나 크림을 바르기 좋은 상태로 부드럽게 하여 소금과 후추 또는 원하는 양념을 하여 썰어둔 식빵에 골고루 바른다.

3. 바른 버터 위에 햄 또는 생선 등 주 재료를 올리고 원하는 크기 또는 모양으로 사진과 같이 자른다.

4. 주 재료와 어울리는 고명으로 장식한 다음, 서빙하거나 젤라틴을 뿌려서 냉장고에 보관한다.

Chapter 3 애피타이저(Appetizers)

오드볼(Hors d'oeuvre)과 애피타이저(appetizer)는 매우 유사하면서도 혼동하기 쉬운 용어이다. 사실 오드볼은 불어에서 온 용어로서 음식을 먹기 전에(사실은 본 만찬과 구분하여 만찬장에 들어가기 전에 간단한 알코올 또는 음료와 함께 가볍게 먹는 음식) 제공되는 음식들을 모두 통틀어 의미하는 말이다.

애피타이저는 영어의 '식욕을 자극하다(appetite)' 에서 온 말로 식욕을 자극하는 것은 본 음식을 먹기 전에 제공되어야 하므로 오드볼과 비슷한 의미를 가지고 있다. 굳이 두 의미에 차이점을 두고자 한다면 오드볼이 만찬을 시작하기 전에 알코올 음료와 함께 먹는 술안주에 가깝다면 애피타이저는 만찬을 시작하면서 공식적인 코스 중에서 가장 먼저 나오는 음식이라고 할 수 있다. 물론 찬 애피타이저와 더운 애피타이저로 구분할 때 순서에 약간 차이는 있을 수 있다.

애피타이저의 기원은 초기 러시아 음식인 자쿠스키(zakouski)라는 얇고 섬세한 음식으로서 식전에 식욕을 자극할 목적으로 제공되었다. 이러한 음식이 프랑스 음식과 접목되면서 매우 다양한 형태로 발전하게 되었는데, 소량이며 값비싸고, 최고의 아름다움을 나타내는 요리로 발전하였다. 일반적으로 차가운 애피타이저는 수프 전에 제공되고 뜨거운 애피타이저는 수프를 먹은 후에 제공된다.

01 스터프드 에그
(Stuffed Eggs)

산출량 20개

재 료

5개	삶은 달걀
½ ts	디존 머스터드
60mL	마요네즈
½ ts	우스터 소스
맛을 낼 정도	소금
맛을 낼 정도	후추
5개	그린 올리브
1줄기	프레시 파슬리

만드는 방법

1. 삶은 달걀 흰자를 길이로 1/4 등분하고 노른자를 따로 모은다.
2. 흰자를 물에 씻어 내부에 노른자를 제거하고 물기를 뺀 후에 팬에 가지런히 담는다.
3. 꺼낸 노른자를 체에 내려 볼에 담고 머스터드와 마요네즈, 우스터 소스, 소금, 후추 등으로 간을 하여 잘 섞어 둔다.
4. 짤주머니에 작은 노즐을 끼워 넣고 노른자 섞은 것을 넣은 후 흰자 중앙에 짜서 놓고 위를 장식한다.

02 훈제 새우 카나페
(Shrimp Canapes)

산출량 30개

재 료

30개	훈제한 새우(또는 삶은 새우)
30개	둥글게 자른 빵(지름 4cm)
6개	삶은 달걀
30g	허브버터
30mL	칵테일 소스
1줄기	프레시 처빌
50mL	올리브 오일
맛을 낼 정도	소금
맛을 낼 정도	후추

만드는 방법

1. 둥글게 자른 빵에 올리브 오일과 소금, 후추를 뿌려서 간을 한 다음, 오븐에서 황금색이 나도록 구워서 식힌다.
2. 완전히 식으면 버터를 바르고 삶은 달걀을 둥글게 잘라서 그 위에 올린다.
3. 새우를 달걀 위에 얹고 칵테일 소스와 처빌로 장식한다.
4. 곧바로 사용하거나, 냉장고에 보관할 경우 젤라틴을 뿌려서 마르는 것을 방지한다.

03 허브크림 치즈를 곁들인 오이 티 샌드위치
(Cucumber Tea Sandwich with Herb Cream Cheese)

산출량 10인분

재 료

285g	크림 치즈
2Ts	다진 허브 프레시
60mL	생크림(필요한 경우)
20쪽	얇게 썬 식빵
3쪽	얇게 썬 오이(길이로)

만드는 방법

1. 크림 치즈와 프레시 허브 그리고 약간의 생크림을 넣고 스패튤러로 빵에 바를 수 있을 정도로 부드러워질 때까지 잘 섞는다.
2. 잘 섞은 크림 치즈를 썰어 놓은 빵 위에 골고루 바른다. 그 위에 얇게 썬 오이를 가지런히 올린다.
3. 원하는 모양으로 잘라서 그 위에 필요한 가니시를 한다.
4. 1인분에 3~4개씩 서빙한다.

04 메추리알 카나페
(BQuail Egg Canapes)

산출량 30개

재 료

15개	메추리알
½ ts	디존 머스터드
60mL	마요네즈
½ ts	우스터 소스
맛을 낼 정도	소금
맛을 낼 정도	후추
30개	식빵(둥글게 자른 것, 지름 2.5cm)
20g	캐비어
1줄기	프레시 딜

만드는 방법

1. 메추리알을 소금을 넣은 물에 7분 정도 삶아서 냉수에 재빨리 넣어 식힌 후에 껍질을 제거한다.
2. 삶은 메추리알을 반으로 자르고 노른자를 꺼낸 후에 흰자는 깨끗하게 하여 정리한다.
3. 꺼낸 노른자를 체에 내려 볼에 담고 머스터드와 마요네즈, 우스터 소스, 소금, 후추 등으로 간을 하여 잘 섞어 둔다.
4. 파이핑 팩에 작은 노즐을 끼워 넣고 노른자 섞은 것을 넣은 후 빵에 조금씩 짜고 그 위에 흰자를 올린다.
5. 흰자 중앙에 노른자를 짜서 놓고 마지막으로 캐비어와 딜로 장식하여 서빙한다.

05 스테이크 타르타르 카나페 (Steak Tartar Canapes)

산출량 30개

재 료

450g	쇠고기 안심
1개	달걀 노른자
20g	다진 양파
2Ts	다진 케이퍼
맛을 낼 정도	소금
맛을 낼 정도	후추
맛을 낼 정도	우스터 소스
30개	보리빵(얇게 썰어 토스트 한 것)
30g	삶아 다진 달걀
1ts	다진 파슬리
1ts	핫소스
50g	부드러운 버터

만드는 방법

1. 쇠고기 안심을 곱게 다진 다음, 냉장고나 얼음 위에 올려 둔다.
2. 고객에게 서빙하기 바로 전에 볼에 담고 나머지 재료를 넣어 섞는다.
3. 구원 놓은 빵에 버터를 바르고 그 위에 쇠고기 섞은 것을 올려서 양파 또는 케이퍼나 파슬리 등으로 장식하여 서빙한다.

06 오레가노를 곁들인 토마토 티 샌드위치
(Tomato Tea Sandwich with Oregano)

산출량 10인분

재 료

140g	크림 치즈
150mL	사워크림
2Ts	다진 오레가노
½ ts	소금
¼ ts	후추
20쪽	썬 식빵
60쪽	썬 토마토

만드는 방법

1. 크림 치즈와 사워크림, 오레가노, 소금과 후추를 볼에 넣고 잘 섞는다.
2. 잘 섞은 크림을 빵 위에 바르고 그 위에 슬라이스한 토마토를 보기 좋게 올린다. 다시 빵 한 조각을 그 위에 올려 샌드위치를 만든다.
3. 원하는 크기로 자른 후 가니시를 한다.

07 투나와 관자 세비체 (Charred Tuna and Scallop Ceviche)

산출량 15인분

재 료

450g	블록 투나
30mL	식용유
450g	신선한 관자
45mL	라임주스
30g	토마토 콩카세
30g	굵게 썬 붉은 양파
10mL	굵게 썬 이탈리안 파슬리
½ t	소금
¼ t	후추

만드는 방법

1. 투나에 오일과 양념을 뿌린 다음, 뜨거운 팬에 기름을 두르고 주위를 살짝 구워낸다(내부가 익어서는 안 된다).
2. 투나를 빨리 식혀서 관자와 같은 크기로 썬다(중간 네모썰기 정도).
3. 관자는 질긴 부분을 잘라내고 투나와 같은 크기로 썬다.
4. 모든 재료를 섞어서 냉장고에 12시간 정도 숙성시킨다.
5. 차가운 접시에 각 포션을 담아서 장식을 한 후에 서빙한다.

Cook's Tip

- 장식 재료는 조리장의 개성에 따라서 선택한다.

Chapter 4 브라인과 큐어

1. 마리네이드(Marinades)

① 산(Acid): 식초, 감귤류 주스(citrus juices), 와인(wines)

② 오일(Oil): 식물성 오일 또는 맛을 낸 오일

③ 첨가제(Seasonings) : 향료, 허브, 스파이스 등

(1) 마리네이드 종류

① 오일과 스파이스

- 구이나 그릴용으로 사용될 재료
- 부드럽게 할 필요는 없지만 향을 내고 저장성을 높이기 위함.

② 산과 오일

- 가장 보편적임([예] : 샐러드 드레싱)
- 산은 채소의 세포를 끊어 주는 역학과 채소의 색에 영향을 줌.
- 산과 오일은 저장성이나 연도와는 크게 관여하지 않음.

③ 산과 스파이스

- 높은 산도는 단백질을 변성시켜 조리되었을 때 외관에 영향을 준다.
- 부드럽게 하고, 저장성과 풍미를 위해 사용함.

④ **큐어** (Cures) : 소금, 설탕, 착색제(T.C.M.) 등을 섞은 건식 절임으로써 재료에 따라 매우 다양하게 만들어 낼 수 있다.

- 브라인 (Brine)
- 주로 소금을 사용하여 양념을 하는 방식이다.
- 브라인과 큐어의 차이점은 소금의 주요 역할에 있다. 소금은 재료의 수분을 줄여줌으로써 박테리아 번식을 막아 준다.
- 저장성과 풍미를 좋게 하지만 부드럽게 하지는 못한다.
- 브라인과 큐어에 필요한 기본재료는 다음과 같다.

  소금 (Salt) – 수분를 낮추어 줌.

  설탕 (Sugar) – 소금과 함께 맛의 균형을 잡아줌.

  아질산염 (Nitrites) – 세균억제와 육류 색상에 영향을 줌.

  양념류 (Seasonings) – 풍미와 향, 맛 조절

(2) 기름기가 많은 생선 건식 큐어(연어와 송어)

900g	소금(재렴)
450g	설탕(백설탕, 흑설탕 또는 브라운)
2Ts	양파 파우더
1Ts	간 클로브
1Ts	간 월계수잎
1Ts	간 메이스
1Ts	간 올스파이스

방법 스테인리스 볼에 모든 재료를 담고 잘 섞는다.

(3) 연어 큐어 예

1. 신선한 상태의 연어를 선별한다.

2. 연어 필렛을 뜬다.

3. 큐어(Cure)용 소금을 만든다.

4. 연어 필렛 위에 골고루 바른다.

(4) 생선용 브라인

8L	물
1kg	소금(재렴)
400g	황설탕
120mL	꿀
200mL	피클링 스파이스
2쪽	마늘
80mL	레몬주스

방법 모든 재료를 볼에 담고 끓인 다음 완전히 식혀서 필요한 재료를 넣고 절인다.

(5) 육류용 브라인

4L	물
450g	소금(재렴)
120mL	황설탕
120mL	꿀
2 ts	양파 파우더
2 ts	피클링 스파이스
100mL	피클링 소금(T.C.M)

방법 모든 재료를 냄비에 담고 끓인 후 완전히 식혀서 재료를 넣고 절인다.

01 연어 그라블락스
(Gravad Lox Salmon)

산출량 2필렛

재 료

200g	굵은 소금(재렴)
450g	흑설탕
20g	으깬 흰 통후추
2줄기	썬 프레시 딜
2개	레몬주스
30mL	올리브 오일
25mL	브랜디
2개	연어 필렛

만드는 방법

1. 연어, 레몬주스, 올리브 오일, 브랜디를 제외한 모든 재료를 섞어서 드라이 큐어를 만든다.
2. 레몬주스, 올리브 오일, 브랜디를 섞어서 붓으로 연어 필렛의 표면에 골고루 바른다.
3. 섞어 둔 소금을 연어 필렛 표면에 골고루 바르고 소창으로 감싼다.
4. 팬 위에 연어 필렛을 바르게 놓고 그 위에 무거운 것을 올려 냉장고에 2~3일 정도 둔다.
5. 2~3일 냉장고에 보관한 후 소창을 벗기고 표면의 소금을 제거한다. 소창 밖으로 흘러나온 즙은 볼에 모아서 머스터드, 양념을 첨가하여 소스를 만든다.
6. 최대한 얇게 썰어서 샐러드를 곁들이고 소스와 함께 서빙한다.

02 쇠고기 카파치오
(Beef Carpaccio)

산출량 10인분

재 료

500g	다듬은 쇠고기 안심
30mL	올리브 오일
15mL	다진 로즈마리
15mL	다진 세이지
15mL	다진 다임
20mL	발사믹 식초
30mL	소금(재렴)
1ts	으깬 통후추
10개	가니시
150mL	그린 잎 부케
60mL	기본 비네그레트
50g	엑스트라버진 올리브 오일
50g	파마산 치즈
10g	파슬리 잎

만드는 방법

1. 안심을 같은 굵기의 크기로 만들어 묶은 후, 팬에 기름을 두르고 높은 열에서 주변만 살짝 익힌다.
2. 허브와 식초, 소금, 후추를 잘 섞어서 구운 안심 주변에 골고루 바른 후에 랩으로 감싸고 냉장고에서 최소 8시간 정도 둔다(경우에 따라서는 살짝 냉동시킨다).
3. 차가운 접시를 준비하고 쇠고기에 랩을 제거한 다음, 슬라이스 기계로 매우 얇게 썰어서 접시에 담는다.
4. 중간에 샐러드 부케를 놓고 그 위에 드레싱을 뿌린다.
5. 파마산 치즈와 올리브 오일, 파슬리 잎을 뿌려서 제공한다.

03 훈제연어 샐러드
(Smoked Salmon Salad)

산출량 10인분

재 료

30장	얇게 썬 훈제연어
200g	그린 샐러드
2개	다진 삶은 달걀
15mL	다진 양파
15mL	케이퍼
20mL	캐비어(세브루가)
150mL	기본 비네그레트
20g	썬 차이브

만드는 방법

1. 차가운 접시를 준비하여 샐러드를 20g씩 중앙에 놓는다.
2. 그 위에 연어를 보기 좋게 놓고 삶은 달걀과 다진 양파, 케이퍼, 캐비어 등으로 장식한다.
3. 서빙할 때 샐러드 위에 비네그레트를 뿌려서 제공한다.

04 투나 타르타르
(Tuna Tartar)

산출량 10인분

재 료

500g	붉은색 냉동 투나(작은 네모 썰기 함)
200g	그린 샐러드
1개	다진 삶은 달걀
15mL	다진 양파
150mL	기본 비네그레트
10g	썬 차이브레트
100g	토마토 콩카세
20g	다진 그린 올리브
30mL	엑스트라 버진 올리브 오일
5mL	타바스코 소스
20개	멜바 토스트
맛을 낼 정도	소금
맛을 낼 정도	으깬 통후추

만드는 방법

1. 샐러드와 비네그레트를 제외한 모든 재료를 볼에 담고 잘 섞는다.
2. 접시 중앙에 둥근 몰드를 놓고 투나 섞은 것을 담은 뒤 몰드를 제거한다.
3. 샐러드를 투나 위에 얹고 비네그레트를 뿌려 준다.
4. 토마토 콩카세와 으깬 통후추를 뿌려서 장식한다.

1주 5일차 스케줄

목표 : 첫째 주 4일 동안 배운 내용을 정리하고 복습한다.

실습 내역 (Contents)

1. 첫 주에 수업한 중요한 내용들을 대상으로 이론 퀴즈 시험을 본다.
2. 필요한 경우에는 실기시험을 병행할 수 있다.
3. 이론 시험(가드망저의 정의와 역사, 오드볼과 카나페의 차이점과 공통점, 티 샌드위치와 카나페의 비교, 절임의 종류 등)
4. 2주차 수업 준비와 재료 확인, 정리정돈, 청소상태 확인(특히 하수와 그리스트랩)

실습도구 목록 (Utensil List)

번호	품 목	수량	번호	품 목	수량
1	칼				
2	도마				
3	스테인리스 볼				
4	거품기				
5	고운 체				
6	소창				
7	필기구				
8					
9					

진행시간 배분

총 실습시간(Total Lab Time) 4시간 30분

시간 배분	강의 내용 (Lecture contents)	강의순서 (Lecture Outlines)	비고 (Remarks)
30	실기시험 (Test Activity)	1주 실기 중 주요한 내용을 실기 평가함	
30			
30			
30			
30	필기시험 (Test written)	1주 수업내용 중 주요한 부분을 필기 평가함	
30			
30			
30	정리정돈 (Clean-up)	종합 청소와 기물 수량 재료 재고 파악	
30			

실습태도 및 실기 평가표

(Weekly Evaluation Check List)

번호	성명	위생 및 유니폼					재료준비 정도					기술향상 정도					동료애 및 협력 정도					출결					Total
		10~0					10~0					10~0					10~0					10~0					
		최상	상	중	하	최하	최상	상	중	하	최하	최상	상	중	하	최하	최상	상	중	하	최하	1회	2회	3회	–	–	50
		10	9	8	6	5	10	9	8	6	5	10	9	8	6	5	10	9	8	6	5	10	9	8	0	0	
1																											
2																											
3																											
4																											
5																											
6																											
7																											
8																											
9																											
10																											
11																											
12																											
13																											
14																											
15																											
16																											
17																											
18																											
19																											
20																											
21																											
22																											
23																											
24																											

2주차

Garde Manger

2주 1일차 스케줄

목표 : 무스와 포스미트 만드는 기법을 익힌다
(Development Skill of Mousse and Forcemeat)

실습 내역 (Contents)	1. 무스와 포스미트(Mousse, Forcemeat) 만드는 방법과 기초적인 사용방법 2. 퀸넬(Quenelle) 사용법과 만드는 방법 3. 파테 반죽(Pâté Dough) 만드는 방법을 익힌다. 4. 정리정돈(Assignment Tomorrow)

주요도구 목록 (Utensil List)

번호	품 목	수량	번호	품 목	수량
1	로보쿠프 (Lobot coupe)		10		12
2	고운 체		11		
3	사각체 팬		12		
4	손잡이 냄비		13		
5	고무주걱		14		
6	차 스푼		15		
7	스테인리스 볼		16		
8	얼음		17		
9			18		

진행시간 배분

총 실습시간(Total Lab Time) 5시간

시간 배분	강의 내용 (Lecture contents)	강의순서 (Lecture Outlines)	비고 (Remarks)
60	이론강의 (Lecture)	무스의 개념과 종류, 포스미트 (Mousse, Forcemeat)	
30	재료준비 (Mise en Place)	레시피에 따른 재료 및 사용되는 기구 (Prepare the Ingredients and Utensils)	
30	시범 (Demonstration)	무스, 포스미트 만드는 방법과 파테 반죽 만들기 (Mousse, Forcemeat, Pâté Dough)	
30			
30	학생실습 (Activity)	무스,파스미트 만드는 방법과 파테 반죽 만들기 (Mousse, Forcemeat, Paté Dough)	
30			
30			
30			
30	정리 및 정돈 (Clean-up)	정리 및 정돈 (Clean-up)	

Chapter 1 수업점검사항

① 무스(mousse)의 정의
② 무스를 만드는 데 필요한 주 재료들
③ 무스 만드는 과정에 대한 이해
④ 포스미트의 정의
⑤ 포스미트의 구성재료
⑥ 네 가지 형태의 포스미트
⑦ 네 가지 형태의 포스미트가 가지고 있는 특징
⑧ 테린 몰드 형태와 사용하는 방법

1. 실습 요약

이론강의 시간에 무스와 무슬린의 정의 및 차이점에 대해서 설명을 한 후, 교수의 데모를 통해 무스 만드는 방법을 이해한다. 데모가 끝난 후에 각 조 또는 개인별로 무스와 무슬린을 직접 만들고 만들어진 무스와 무슬린을 가지고 잘된 점과 잘못된 점 및 수정해야 할 부분들을 설명한다. 아울러 이러한 제품들의 사용방법을 설명한다.

2. 주요 단어

① 베이스(Base)
② 결착(Binder)
③ 기포화(Aeration)
④ 무스 결착력(Mousse strength gel)
⑤ 퀸넬(Quenelle)
⑥ 여과(Tamis : drum sieve)

3. 강의 주제

• 무스와 포스미트

Chapter 2 육류 무슬린 기본단계

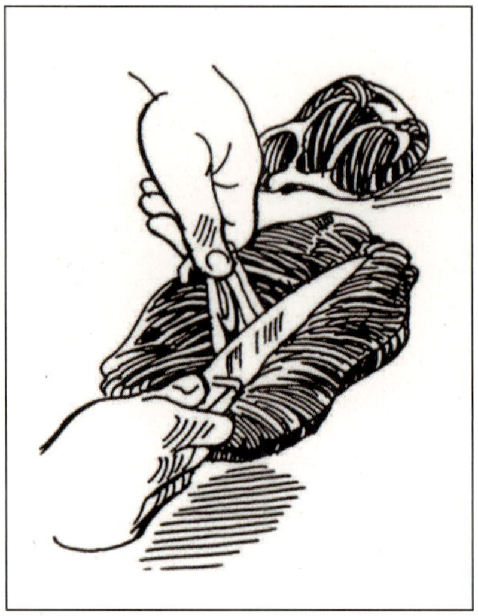

1. 고기에 붙어 있는 힘줄이나 단단한 부분을 제거한다.

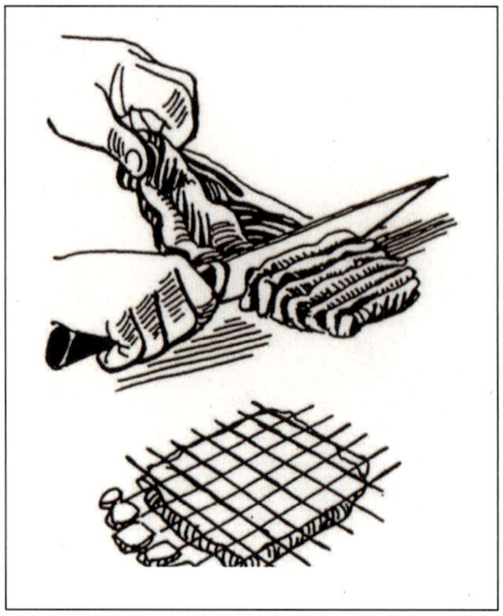

2. 육류를 2cm 크기 정도로 잘게 썬다.

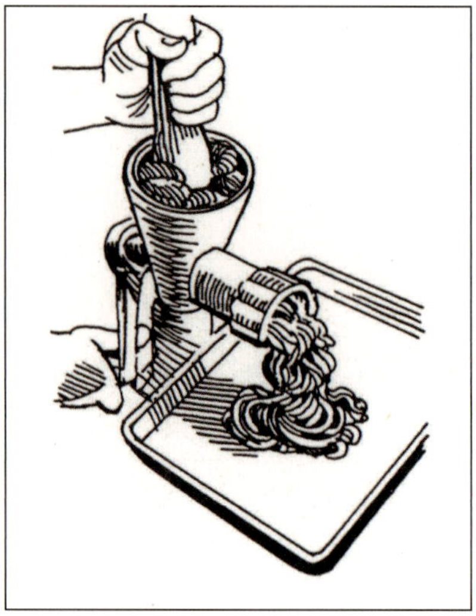

3. 그라인더에서 처음에는 거칠게, 다음으로 곱게 갈아준다.

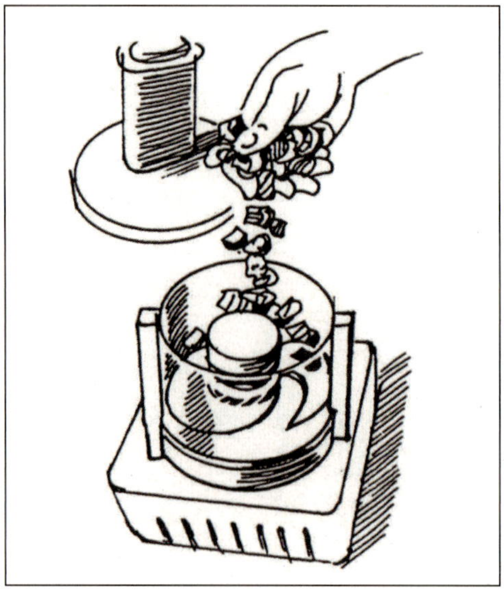

4. 로보쿠프(Lobot coupe)를 이용하여 부드러운 반죽 형태로 갈아준다. 이때 얼음을 넣어주어 육류가 잘 엉기도록 한다.

5. 무스를 부드럽게 하기 위해 고운 체에 여과시킨다.

Chapter 3 생선 무슬린 기본단계

1. 생선을 작은 크기로 자른다.

2. 생선살을 로보쿠프(Lobot coupe)에 넣어 곱게 갈아준다.

3. 곱게 갈은 생선살을 고운 체에 내려 더욱 부드럽게 한다.

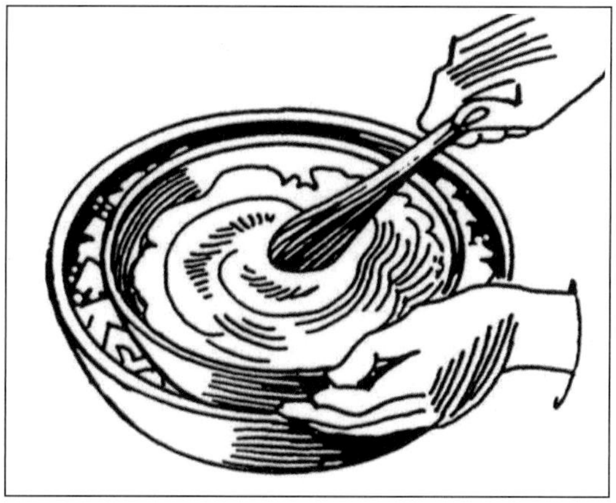

4. 곱게 내린 생선 무스를 차게 유지한다.

5. 숟가락 두 개를 사용하여 럭비공 모양의 타원형 모양을 만든다.

Chapter 4 포스미트

1. 실 습

이론강의와 데모를 통해서 소개된 포스미트의 개념을 이해하고 가장 기본이 되는 포스미트를 만든 다음, 이것을 응용해서 다른 종류의 포스미트를 만들어보는 순서로 진행한다. 서로 다른 포스미트 간의 차별점을 분명하게 이해하도록 한다.

데모와 실습에서 무엇보다 중요한 것은 포스미트를 만들어서 어떠한 방법으로 사용해야 하는지와 포스미트의 개념을 정확하게 익히고 다양한 몰드를 어떻게 사용하는지를 수강생들에게 전달하는 것이고 수강생들은 왜 이렇게 포스미트를 만들어 사용하는지 그 이유를 깨달아야 한다.

2. 주요 용어

① 포스미트(Forcemeat)
② 1차 결착(Primary bind)
③ 2차 결착(Secondary bind)
④ 주 재료(Dominant meat)
⑤ 결착제(Panada)
⑥ 속성식(Straight Method)
⑦ 시골풍(Country Style)
⑧ 그라탱식(Gratin Style)
⑨ 무슬린(Moussline Style)

3. 강의 주제

- **포스미트** : 포스미트에 대한 설명과 다양한 종류들
- 테린과 몰드

4. 교수 시범

- 속성식 포스미트 만들기
- 테린과 몰드의 올바른 사용법

5. 포스미트(Forcemeats)

가드망저와 사크테리에에서 요리를 생산하는 데 있어 또 하나의 기본적인 요소가 바로 포스미트(Forcemeats)이다. 바로 이어서 소개되겠지만 포스미트는 5가지로 구분할 수 있다. 포스미트는 살코기와 지방의 유화작용에 기본을 두고 있다. 재료를 갈아서 곱게 하고 이들이 서로 엉키면서 접착력이 가해지는데, 요리의 목적에 따라 포스미트의 입자 굵기와 유화 정도를 조절하게 된다. 즉 부드러움의 정도, 질감, 입자의 굵기 등이 포스미트의 특징을 구분한다.

포스미트의 최종단계에서 반드시 섞어서 유화할 필요는 없다. 다만 요리를 완성하였을 때 시각적인 효과와 입속에서의 감촉을 고려하여 재료의 크기와 모양, 그리고 질감들을 결정하면 된다. 콜드 키친, 즉 가드망저에 사용되는 포스미트는 핫 키친에서도 사용된다. 주로 요리의 속을 채우거나 가니시, 야채 토핑 등 다양한 요리에 이용된다. 본 책에서 소개되는 포스미트는 오늘날 가장 많이 사용되는 형태의 포스미트이다.

(1) 포스미트의 정의

포스미트란 다진 육류(살코기)와 지방을 섞어서 만든 양념육을 말한다. 여기서 육류와 지방을 섞을 때 유화현상을 일으켜 육질이 부드럽다고 느끼게 되는데 이는 결과적으로 완성된 음식의 감촉을 좋게 하기 위한 조리기술의 일종이다. 육질의 감촉은 완성될 음식의 종류와 조리장의 의도에 따라 달라지게 된다. 전통적으로 퀀넬, 소시지, 파테, 테린, 롤라드, 갤런틴과 같은 요리를 만들기 위해 포스미트를 만들었다.

포스미트를 만들기 위해서는 일반적으로 생육을 사용하고 있으며, 육류와 생선을 비롯하여 다양한 재료들을 사용하여 여러 가지 맛을 만들어 낸다. 육류의 경우 동물의 간을 일정비율로 사용하여 맛의 깊이를 더하게 되고, 지방(돼지기름)은 유화와 관련되어 감촉을 좋게 한다.

(2) 4가지 종류의 포스미트

명 칭	내 용
속성식 (Straight)	이 포스미트는 사용되는 육류와 돼지기름을 같은 비율로 하고 여기에 원하는 맛을 낼 육류를 넣어 푸드프로세서 또는 기계에 넣어 유화 시키는 방법이다. 육류와 돼지기름을 네모나게 썰어서 양념과 향신료를 넣어 섞어 냉장고에 두었다가 곧바로 만들면 된다.
시골풍 (Country-style)	이 포스미트는 돼지고기와 돼지기름, 동물의 간(주로 돼지간, 닭간)을 넣어 거친 질감을 가진 포스미트를 말한다.
그라탱 (Gratin)	그라탱 포스미트는 주재료가 되는 육류를 갈기 전에 약간의 기름을 넣어 높은 열로 익혀서 식힌 다음에 사용하는 것을 말한다. 여기서 그라탱이라는 의미는 일반적인 그라탱(치즈그라탱 등)과는 달리 브라운색을 냈다는 뜻이 된다.
무슬린 (Mousseline)	매우 섬세하고 부드러운 포스미트를 말한다. 주로 흰색 육류(송아지 또는 닭가슴살)나 생선살로 만들어지며 크림과 달걀을 넣어 부드럽고 섬세한 맛을 내는 포스미트이다.

(3) 주 재료

① 재료구성요소

- 육류, 돼지기름, 물은 1차 결착요소이다.
- 사용될 육류와 돼지기름은 반드시 냉장상태이어야 한다.
- 소금은 육질 간 결착을 도와준다.
- 달걀은 2차 결착에 관여한다.(필수요소는 아님)
- 결착제는 전분과 밀가루 및 빵가루 등으로, 수분을 함유하여 음식이 건조되는 것을 방지한다.

② 조리온도

- 70~80℃를 유지한다.
- 중탕을 이용하면 일정온도 유지가 용이하다.

(4) 재료비율

① 포스미트를 만들 때 일반적인 비율

주 육류	돼지고기	돼지기름	결착제와 양념	가니시
25%	25%	25%	10 ~ 15%	10 ~ 15%
35%	20%	20%	10 ~ 15%	10 ~ 15%
45%	15%	15%	10 ~ 15%	10 ~ 15%
50%	12%	12%	10 ~ 15%	10 ~ 15%

② 주육류

- 어떤 이름의 포스미트를 만들 것인가에 따라서 결정됨.

③ 돼지기름

- 풍미 – 자연적 풍미, 다른 재료와의 결속
- 일관성 – 항상 부드럽고 풍부한 감촉을 줌.
- 값싸고 효율성이 높음.

③ 돼지고기

- 기본적 육질 – 다른 육류와 잘 어울림.
- 단백질과 수분이 풍부하여 결착이 좋음.
- 쉽게 구할 수 있으며 값이 쌈.
- 효율성이 높음.

(5) 결착제 (Panada)

포스미트를 만들 때에는 재료들이 잘 섞이고 엉키도록 결착제를 사용한다. 여기에 사용되는 결착제는 모두 곡류분이 기본인데 전분이 많이 함유된 것으로, 조리를 하는 과정에서 육류로부터 흘러나오는 수분을 흡입하게 된다.

따라서 재료들 사이가 분리되지 않고 결착을 하도록 도와주므로 질감과 영양손실이 없게 된다. 포스미트를 만들 때 결착제로 사용되는 것들은 주로 다음과 같다.

Check point

결착제 유형과 용도

- 빵가루 – 생선 포스미트
- 밀가루 – 생선과 육류
- 조리된 쌀– 모든 포스미트
- 조리된 감자 – 흰살육류

(6) 포스미트 테스팅

대부분의 포스미트는 한꺼번에 대용량으로 만들어지는 경우가 많다. 소시지나 파테, 테린, 갈라틴 등 한 번 작업을 하면 많은 양을 하여 저장해 두고 사용한다. 이렇다 보니 잘못된 포스미트는 전체 음식에 영향을 주기 때문에 사용하기 전에 반드시 맛을 테스트하여 잘못된 부분을 조절해야 한다. 주로 적은 양을 랩에 말아서 포치를 한 후에 식혀서 맛을 본다. 이렇게 하는 이유는 포스미트를 사용하는 음식들이 대부분 식힌 후에 차가운 상태로 제공되기 때문에 식은 상태에서 맛과 향, 그리고 소금의 양을 측정하는 것이다.

(7) 포스미트 가니시

포스미트는 사용목적에 따라 가니시도 달라지게 된다. 가니시는 시각적인 면도 고려해야 하겠지만 사용되는 육류의 종류에 따라서도 그 육류의 맛과 조화를 이루는 것으로 해야 한다. 주로 사용되는 것은 견과류(특히 피스타치오: Pistachio), 햄, 버섯(특히 트러플: Truffles), 안심, 닭가슴살 등이며 다양한 재료들이 사용된다.

(8) 피클링 소금(T.C.M.)

이는 식품첨가물로서 제한된 양만 사용해야 한다. 특히 용도에 따른 기준이 있으므로 반드시 지키도록 한다. 피클링 소금은 결착력을 높여 주기도 하지만 육류가 조리되었을 때 색감을 높임으로써 시각적인 효과도 높여준다. 대부분의 육류는 조리되면 흰색이나 회색을 띠지만 피클링 소금을 사용하였을 때 포스미트는 핑크빛이 나게 된다.

(9) 포스미트 입자(Progressive grinding)

포스미트에 사용할 육류를 기계에 갈 때 육류가 다져지면서 통과하는 여과기의 여과통로 크기에 따라 입자가 결정된다. 이러한 입자는 요리가 완성되었을 때 시각적인 효과와 식욕자극, 그리고 자연스러운 단면 등에 영향을 주게 된다.

또한 육류들 간 서로 엉키는 데 있어서도 중요한 작용을 하므로 포스미트를 만들 때에는 입자를 어떤 크기로 할 것인가를 결정하고 작업을 시작해야 한다. 다만, 무슬린을 하거나 유화 정도를 높이기 위해서는 먼저 굵은 입자로 고기를 간 다음에 작은 입자로 갈아서 사용하면 좋은 결과를 얻을 수 있다.

굵은 입자용 여과기

중간 입자용 여과기

고운 입자용 여과기

(10) 테린(Terrine)

포스미트를 덩어리로 만들어 몰드에 넣어 익혀 낸 것을 말한다. 파테와 유사하나 중탕에서 익혀 내며 주로 세라믹과 같은 몰드를 사용해서 조리한다.

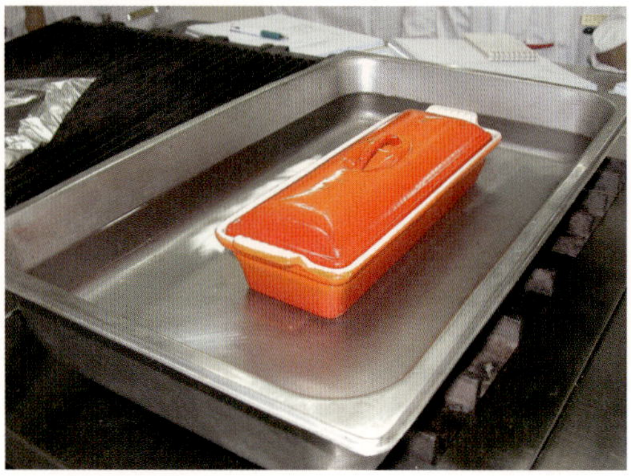

(11) 파테(Pâté)

육류나 가금류, 생선 등 육질이 풍부한 재료로 만들어지며 경우에 따라서는 채소를 사용하기도 한다. 테린과의 차이점은 반죽을 입혀서 몰드에 채운 다음에 오븐에 구워낸다는 점이다. 조리하는 과정에서 발생하는 공간에 젤라틴을 넣어 사용한다.

Chapter 5 기본 무스 포스미트 만들기

가장 빠른 무스 형태의 포스미트를 만드는 방법이다. 전형적으로 기름기가 없는 육류나 생선을 사용하여 만들게 되는데, 아래 제시한 비율을 기본으로 하여 필요에 따라 증감을 하면 다양한 종류로 만들어 사용할 수 있다.

육류나 생선은 한 종류만을 사용하여 비율을 맞추면 된다. 앞서 배운 육류 포스미트에서 돼지기름이 유화에 작용한다면 여기서는 생크림에 포함된 지방이 유화에 작용하여 부드러운 질감을 만들어 낸다. 단, 오버워킹으로 인해 분리되지 않도록 주의해야 한다.

1. 재 료

비율 2	육류나 생선(지방이 없는 것)
1개	달걀 (육류나 생선 4 kg당)
비율 1	생크림
	양념(소금과 후추, 맛을 낼 정도)

2. 만드는 방법

1. 육류를 냉장고에서 냉각시킨다.
2. 육류를 갈아서 달걀과 양념을 넣어 푸드프로세서에 갈아서 퓌레를 만든다.
3. 퓌레가 되면 생크림을 조금씩 넣어 가며 유화가 되도록 한다.
4. 마지막으로 양념과 소금으로 최적의 맛을 조절한다.

Check point

포스미트가 잘못되었을 때 원인분석

① 지방분 부족
② 수분 부족
③ 온도가 높음
④ 교반속도 상이
⑤ 불완전한 비율
⑥ 육류 가는 기계가 열로 인해 더워진 경우
⑦ 조리시간이 너무 길 때
⑧ 조리온도가 너무 높을 때

01 연어 무슬린
(Salmon Mousseline)

산출량 1kg

재 료

900g	연어 살
맛을 낼 정도	소금
맛을 낼 정도	후추
2개	달걀 흰자
480mL	생크림

만드는 방법

1. 연어를 가늘게 썰어 소금과 후추로 간을 하여 냉장고에 보관한다. 완전히 냉각되면 고기 가는 기계에 곱게 갈아 볼에 담아 얼음 위에 올린다.
2. 간 연어를 푸드프로세서에서 크림 상태가 될 때까지 간 다음에 달걀 흰자를 넣고 잘 섞는다.
3. 생크림을 나누어 넣어 가며 원하는 농도를 조절한다. 원하는 농도에 도달하면 다시 볼에 담아서 얼음 위에 올려놓고 고운 체를 준비하여 무스를 통과시켜 다시 한 번 양념과 간을 맞추고 필요할 때 사용한다.

02 닭간 포스미트(그라탱식) (Chicken Liver Gratin-Style Forcemeat)

산출량 900g

재 료

30mL	식용유
285g	소제된 닭간
115g	다진 양파
60g	다진 shallot
1개	월계수잎
1ts	타임
2ts	소금
¼ ts	후추
285g	네모썰기 한 돼지고기
285g	네모썰기 한 돼지기름
2개	달걀
¼ ts	피클링 소금 (선택)

만드는 방법

1. 소테 팬에 소량의 기름을 넣고 불을 중간 정도 높인 다음 간과 양파, 샬롯, 월계수 잎, 타임, 소금, 후추를 넣고 소테한다. 낮은 불에서 간이 익을 때까지 둔다. 그러나 색을 내지는 않는다.
2. 익힌 간이 냉장고에서 완전히 식을 때까지 둔다.
3. 그라인더에 간을 넣고 갈다가 돼지고기와 돼지기름 순서로 굵게 갈아 낸다. 다음으로 고운 여과기를 이용해서 다시 한 번 더 갈아 낸다.
4. 푸드프로세서의 볼을 차게 하여 간 고기를 담고 고기를 부드러워질 때까지 간다. 중간에 달걀과 피클링 소금을 넣어 완전히 부드러워질 때까지 갈아 준다.
5. 넬을 만들어 소금농도와 맛을 점검하고 조정한다. 포스미트를 냉장고에 보관하고 필요한 용도에 따라 사용한다.

2주 2일차 스케줄

목표 : 파테 만드는 기술과 접시담기 기술을 익힌다.
(Skill Development of Pâté and Pate' Dishes)

<table>
<tr><td>실습 내역
(Contents)</td><td colspan="6">1. 파테(Pâté) 만들기
2. 그랜메어파테(Pâté Grand-Mère)
3. 파테젤리(Pâté Gelee)
4. 토론 및 정리</td></tr>
<tr><td rowspan="10">주요도구 목록
(Utensil List)</td><td>번호</td><td>품 목</td><td>수량</td><td>번호</td><td>품 목</td><td>수량</td></tr>
<tr><td>1</td><td>로보쿠프</td><td></td><td>10</td><td></td><td></td></tr>
<tr><td>2</td><td>버터 붓</td><td></td><td>11</td><td></td><td></td></tr>
<tr><td>3</td><td>사각 팬</td><td></td><td>12</td><td></td><td></td></tr>
<tr><td>4</td><td>손잡이 냄비</td><td></td><td>13</td><td></td><td></td></tr>
<tr><td>5</td><td>고무주걱</td><td></td><td>14</td><td></td><td></td></tr>
<tr><td>6</td><td>차 스푼</td><td></td><td>15</td><td></td><td></td></tr>
<tr><td>7</td><td>스테인리스 볼</td><td></td><td>16</td><td></td><td></td></tr>
<tr><td>8</td><td>파테 몰드</td><td></td><td>17</td><td></td><td></td></tr>
<tr><td>9</td><td>밀대</td><td></td><td>18</td><td></td><td></td></tr>
</table>

<table>
<tr><td rowspan="11">진행시간 배분</td><td colspan="4">총 실습시간(Total Lab Time) 5시간</td></tr>
<tr><td>시간 배분</td><td>강의 내용
(Lecture contents)</td><td>강의순서
(Lecture Outlines)</td><td>비고
(Remarks)</td></tr>
<tr><td>30</td><td>이론강의
(Lecture)</td><td>파테에 대한 정의와 개념
(Difference Pâté, Terrine, Galantine)</td><td></td></tr>
<tr><td>30</td><td>데모 및 실습준비
(Mise en Place)</td><td>파테 재료와 기구 배치
(Arrange the Ingredients and Utensils)</td><td></td></tr>
<tr><td>30</td><td rowspan="3">교수데모
(Demonstration)</td><td rowspan="3">파테 만들기
(Making Pâté)</td><td></td></tr>
<tr><td>30</td><td></td></tr>
<tr><td>30</td><td></td></tr>
<tr><td>30</td><td rowspan="3">학생실습
(Activity)</td><td rowspan="3">파테 만들기
(Making Pâté)</td><td></td></tr>
<tr><td>30</td><td></td></tr>
<tr><td>30</td><td></td></tr>
<tr><td>60</td><td>정리 및 토의
(Clean Up)</td><td>토의 및 정리정돈
(Talk with Pâté Plate)</td><td></td></tr>
</table>

Chapter 1 수업점검사항

① 파테 엔 크루트(pâté en croute)의 정의

② 파테 반죽(pâté dough) 만드는 방법

③ 파테 엔 크루트를 만들 때 몰드 준비하는 방법

④ 훈제하는 방법

1. 수업 개요

수업은 파테 크루트에 대한 이해와 어떻게 하면 맛있는 파테를 만들 수 있는지에 초점을 두고 있다. 파테 반죽을 만드는 것에서부터 젤리를 채워 넣는 방법 그리고 파테의 발전과정을 통해 프랑스 음식의 발전을 알아본다. 아울러 훈제 조리법을 배워보도록 한다.

2. 주요 단어

① 파테 반죽(Pâté dough) ② 파테 엔 크루트(Pâté en croute)

③ 바게트(Barquette) ④ 건식절임(Dry cure)

⑤ 냉훈제(Cold smoke) ⑤ 온훈제(Hot smoke)

3. 강의 주제

• 파테 엔 크루트 정의와 만드는 방법, 테린과 파테의 차이점과 공통점

파테(pâté)는 반죽으로 속을 감싼 다음 오븐에서 구워 낸 벨기에와 프랑스 전통요리이다. 일부 파테는 반죽으로 감싸지 않는 것도 있지만 그 중 파테 엔 크루트(Pâté en croute)는 파테를 대표하는 것으로서 반죽에 감싸 구운 다음, 빈 공간에 젤라틴을 채워 맛의 균형을 이룬다.

테린과 파테의 가장 두드러진 차이점이라고 하면 테린은 몰드에 넣어 중탕 속에서 오븐에 구워낸다. 따라서 파테처럼 반죽으로부터 오는 갈변현상을 보기 어렵다. 또한 포스미트를 만들어 사용하는 것과 몰드에 채워 조리하는 것은 파테와 유사성이 많다. 파테의 종류로는 생선 파테, 송아지 파테, 가금류 파테, 간 파테 등 매우 다양하다.

4. 교수 데모

① 파테 반죽 만들기 ② 파테 몰드 준비하기

③ 파테 완성과 젤라틴 채우기

Chapter 2 파테를 만드는 일반적인 순서

1. 포스미트를 만든다.
2. 파테 반죽을 만든다.
3. 아스픽을 준비한다.
4. 파테를 만든다.

1. 반죽을 두께 4밀리 정도로 밀어 몰드 크기에 적당하도록 측정하여 잘라 낸다.

2. 라인을 따라 잘라 낸다. 이때 몰드의 사이즈보다는 2~3센티 정도 더 크게 잘라서 밀봉할 수 있는 크기가 되도록 한다. 잘라낸 반죽을 몰드에 깔고 그 위에 얇게 썬 돼지기름을 깔아 준다.

3. 포스미트를 채운다. 이때 필요에 따라 원하는 가니시를 하게 되는데, 두께를 조절하여 완성이 되어 썰었을 때 시각적으로 좋은 형태가 나타나도록 한다.

4. 레시피에 따라 햄, 피스타치오, 안심, 닭가슴살 등 다양한 재료를 가니시로 사용할 수 있다.

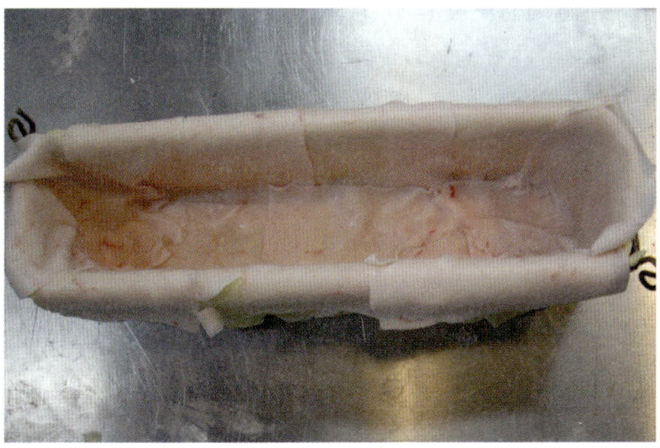

5. 뚜껑을 덮기 위해서 반죽 주위로 달걀을 바르고 뚜껑을 잘라 덮은 후에 주위를 따라 밀봉을 해준다. 이때 포크나 나이프 또는 손을 이용해서 다양한 방법으로 마무리할 수 있다.

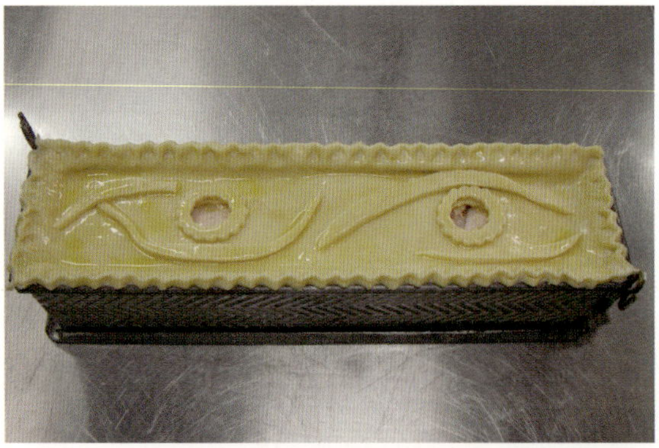

6. 뚜껑 양쪽으로 수증기 구멍을 내고 남아 있는 반죽을 이용해서 장식을 한다. 파테는 구워지면서 표면이 약해질 수 있는데 장식과 함께 표면을 보강해 주는 역할도 함께 할 수 있다.

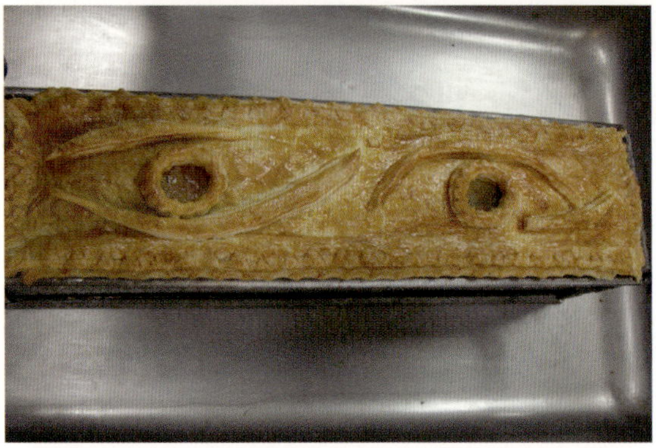

7. 파테를 오븐에서 60분 정도 구워 낸다. 이때 초기에는 색을 내기 위해 높은 온도에 굽고 표면 색이 나면 쿠킹포일을 덮고 온도를 낮춘 후 내부에 포스미트가 완전히 익을 때까지 오븐에서 굽는다.

8. 오븐에서 꺼내 상온에 두어 식힌 다음, 내부온도가 35℃ 가량 되면 젤라틴을 채운다.

9. 젤라틴을 채울 때는 젤라틴이 주위에 흐르지 않도록 깔때기를 사용하여 조심스럽게 채운다.

10. 젤라틴을 채운 후에 냉장고에서 하룻밤 정도 둔 후 젤라틴이 충분히 굳은 다음에 썰어서 제공한다. 이때 사이드 채소와 젤라틴을 함께 썰어서 제공하기도 한다.

01 파테 반죽
(Pâté Dough)

산출량 약 900g

재 료

580g	밀가루 (강력분)
35g	분유 (선택)
7g	베이킹파우더
15g	소금
100g	쇼팅
70g	버터
225~285mL	우유 또는 물
2개	달걀
15mL	레몬주스 또는 식초

만드는 방법

1. 밀가루와 분유, 베이킹파우더, 소금을 볼에 담고 모든 재료가 잘 섞이도록 한다. 경우에 따라서는 푸드프로세서를 이용해 섞어주기도 한다.
2. 쇼팅과 버터와 우유, 그리고 달걀과 레몬주스를 넣고 약간 단단하다는 느낌이 드는 반죽을 만든다.
3. 완성된 반죽은 직사각형으로 만들어 비닐에 봉한 다음, 냉장고에서 1시간 정도 휴지를 시킨다.
4. 필요에 따라서 반죽을 밀어 사용하면 된다(사전에 만들어 놓으면 유용하게 사용할 수 있다).

02 파테 젤리
(Pâté Gellée)

산출량 4L

재료

정제용 재료

140g	양파 뷰레 (brûlé)
150mL	미르쁘아
2Ts	간 쇠고기
½ ts	저은 달걀 흰자
¼ ts	토마토 콩카세
20쪽	화이트 스톡
20쪽	기본 향신료 주머니
20쪽	소금 (재렴)
20쪽	젤라틴 파우더

Cook's Tip

- 보다 간편한 파테 젤리를 만들기 위해서 차가운 콘소메에 젤라틴을 섞은 후 중탕에 녹여 사용할 수 있다.

만드는 방법

1. 정제된 재료를 스톡과 섞어 모든 재료가 스톡에 풀어지도록 한다.
2. 중불로 은근히 열을 가하기 시작해서 거품이 떠오르면 제거한다.
3. 씨머링이 시작되면 향신료 주머니를 넣고 약 45분 가량 씨머링하여 향과 맛이 나도록 한다. 씨머링되는 동안 중간 중간 거품을 제거한다.
4. 이렇게 만들어진 콘소메를 걸러내서 소금과 후추로 간을 한다.
5. 콘소메를 굳지 않을 정도의 상온에서 식힌 후 젤라틴을 넣어 부드러워지면 중탕에서 젤라틴이 완전히 녹도록 하여 식힌다. 냉장고에 보관하여 두고 필요할 때마다 녹이거나 썰어서 사용한다.

03 해산물 파테 엔 크루트
(Seafood Pâté en Croute)

산출량 20인분

재 료

170g	새우
170g	가재꼬리
340g	연어 모슬린
2Ts	썬 차이브
3Ts	썬 바질
30g	트러플(작은 네모썰기 한 것)
680g	파테 반죽
1개	섞은 달걀
240mL	아스픽 젤리
몰드를 감쌀 정도	돼지기름 또는 김(얇게 썬 것)

만드는 방법

1. 새우와 가재꼬리는 같은 크기로 썰어서 놓는다. 4℃ 이하로 보관한다(원하는 경우, 통째로 사용할 수 있다).
2. 얼음물을 준비하여 그 위에 볼을 놓고 모슬린과 모든 재료를 잘 섞는다.
3. 반죽을 4mm 두께가 되도록 민 다음, 직사각형 모양으로 잘라서 몰드의 크기보다 약간 크게 부분별로 자른다.
4. 내부에 돼지기름이나 김을 넣어 다시 한 겹을 만든다. 내부에서 포스미트를 충분히 감쌀 수 있는 정도가 되어야 한다.
5. 내부에 포스미트를 채우고 돼지기름이나 김으로 완전히 밀봉한 다음, 사이드 반죽과 뚜껑반죽을 봉한다.
6. 뚜껑 반죽에 2개의 공기구멍을 내고 주위에 달걀을 바른 후에 필요한 장식을 한다.
7. 200℃ 오븐에서 초기 10분 정도 굽다가 온도를 낮추어 170℃에서 50분가량 굽는다. 마지막으로 파테 내부온도가 65℃로 되면 꺼내서 식힌다.
8. 식히는 동안 내부온도가 35℃ 정도가 되면 따뜻한 젤라틴을 넣어 속을 채운다.
9. 냉장고에 넣어 24시간 정도 두었다가 썰어서 제공한다.

04 캉파뉴 파테(시골풍)
(Pâté de Campagne Country-style)

산출량 20인분

재 료

기초재료	
1.15kg	돼지 어깨살(네모썰기 한 것)
230g	돼지 간(손질해서 네모썰기 한 것)
양념재료	
2쪽	마늘(살짝 볶은 다진 것)
115g	양파(곱게 다진 것)
5줄기	파슬리(곱게 다진 것)
20g	소금
¾ ts	피클링 소금 (TCM)
½ s	파테 스파이스(만드는 방법 참조)
맛을 낼 정도	간 흰후추
결착제	
120mL	생크림
2개	달걀
60g	밀가루
30g	브랜디
기타 재료	
몰드에 깔아서 덮을 정도	얇게 썬 돼지기름(또는 베이컨을 사용 가능)
250mL	아스픽 젤리

만드는 방법

1. 돼지 어깨살 반은 굵은 입자로 갈아서 두고, 나머지는 돼지 간과 함께 고운 입자로 갈아서 볼에 담고 양념재료와 함께 섞어 둔다.
2. 농후제 재료를 볼에 담고 거품기로 부드러워질 때까지 섞어 준 후에 갈아 둔 돼지고기와 간에 넣고 손으로 치대면서 섞어 서로 간에 끈기가 생기도록 한다(반죽기로 섞으려면 처음에는 낮은 속도로 1분 후 중속으로 섞는다).
3. 섞은 포스미트를 일정량 떼어서 익힌 후에 맛을 보고 양념을 조절한다.
4. 테린 몰드에 버터를 바르고 돼지기름(베이컨)을 깔고 그 속에 재료를 넣고 뚜껑을 덮은 후에 80℃로 중탕한 다음, 150℃ 오븐에서 60~70분 가량 익혀 낸다. 끝날 때 온도는 테린의 내부 온도가 65℃가 되어야 한다.
5. 오븐에서 꺼낸 테린을 중탕에서 꺼낸 후 상온에서 내부온도가 35℃ 가량으로 식도록 둔다. 그 후 조리할 때 발생한 국물을 제거하고 아스픽을 테린의 상부까지 채운 후에 냉장고에서 2일 정도 둔다.
6. 필요할 때 꺼내서 썰어 사용한다(냉장고에서 약 10일 동안 보관이 가능하다).

05 치킨 파테 (Chicken Pâté)

산출량 약 3kg

재 료

1마리	약 1.2kg 통닭
250g	돼지 어깨살
250g	썬 돼지고기
1Ts	식용유
1Ts	다진 샬롯
2 ts	다진 마늘
2 ts	다진 세이지
2 ts	다진 타임
2 ts	다진 로즈마리
1-½ t	소금
⅛ ts	피클링 소금(TCM)
30mL	마데라 와인
30mL	포트 와인
1~2방울	타바스코 소스
60g	작은 네모썰기 한 햄
1Ts	다진 파슬리

만드는 방법

1. 닭에서 뼈를 제거한다.
2. 가슴살 하나 중 반을 작은 네모썰기하여 가니시로 사용할 목적으로 냉장보관한다.
3. 닭다리 역시 뼈를 제거하고 작은 네모썰기하여 둔다.
4. 닭고기와 돼지고기, 돼지기름을 섞어 냉각시킨다.
5. 팬에 마늘과 샬롯을 넣어 낮은 불에서 볶은 후에 식힌다. 완전히 식으면 준비된 육류에 넣는다.
6. 가니시할 재료(햄, 파슬리, 닭가슴살)만 제외하고 모든 재료를 잘 섞는다.
7. 고기 가는 기계에 굵은 입자로 갈고 중간 입자로 갈아서 모든 재료를 냉각시킨다.
8. 푸드프로세서에서 육류를 넣어 퓌레를 만든다. 완전한 퓌레가 되면 꺼내서 볼에 담아 얼음 위에 올린다.
9. 일정한 양을 떼어서 포치한 다음, 맛을 보고 양념을 조정한다.
10. 가니시를 넣고 냉장고에 보관한다.
11. 파테 만드는 방법에 따라 진행한다.

2주 3일차 스케줄

목표 : 테린과 관련된 생산법, 접시담기 기술을 익힌다.
(Skill Development of Terrine and Terrine Dish)

<table>
<tr><td>실습 내역
(Contents)</td><td colspan="6">1. 테린(Terrine)
2. 테린과 무스
3. 생선 테린
4. 토론과 정리</td></tr>
<tr><td rowspan="10">실습도구 목록
(Utensil List)</td><td>번호</td><td>품 목</td><td>수량</td><td>번호</td><td>품 목</td><td>수량</td></tr>
<tr><td>1</td><td>칼</td><td></td><td>10</td><td></td><td></td></tr>
<tr><td>2</td><td>도마</td><td></td><td>11</td><td></td><td></td></tr>
<tr><td>3</td><td>로보쿠프</td><td></td><td>12</td><td></td><td></td></tr>
<tr><td>4</td><td>고운체</td><td></td><td>13</td><td></td><td></td></tr>
<tr><td>5</td><td>고무주걱</td><td></td><td>14</td><td></td><td></td></tr>
<tr><td>6</td><td>스패튤러</td><td></td><td>15</td><td></td><td></td></tr>
<tr><td>7</td><td>버터 붓</td><td></td><td>16</td><td></td><td></td></tr>
<tr><td>8</td><td>테린 몰드</td><td></td><td>17</td><td></td><td></td></tr>
<tr><td>9</td><td></td><td></td><td>18</td><td></td><td></td></tr>
</table>

<table>
<tr><td rowspan="11">진행시간 배분</td><td colspan="4">총 실습시간(Total Lab Time) 5시간</td></tr>
<tr><td>시간 배분</td><td>강의 내용
(Lecture contents)</td><td>강의순서
(Lecture Outlines)</td><td>비고
(Remarks)</td></tr>
<tr><td>60</td><td>이론강의
(Lecture)</td><td>테린의 정의와 개념</td><td></td></tr>
<tr><td>30</td><td>데모 및 실습준비
(Mise en Place)</td><td>테린을 만들기 위한 재료와 기구배열</td><td></td></tr>
<tr><td>30</td><td rowspan="2">교수데모
(Demonstration)</td><td rowspan="2">테린 만들기</td><td></td></tr>
<tr><td>30</td><td></td></tr>
<tr><td>30</td><td rowspan="4">학생실습
(Activity)</td><td rowspan="4">테린을 만들기 위한 포스미트 작업
테린을 만들기 위한 몰드 작업
테린 익히기
테린 썰기와 보관하기
아스픽 젤리법</td><td></td></tr>
<tr><td>30</td><td></td></tr>
<tr><td>30</td><td></td></tr>
<tr><td>30</td><td></td></tr>
<tr><td>30</td><td>정리 및 토의
(Clean Up)</td><td>정리정돈 및 다음 과제 식재료 확인</td><td></td></tr>
</table>

Chapter 1 수업점검사항

① 테린에 대한(Terrines) 정의
② 테린과 파테의 차이점과 공통점
③ 테린 만드는 과정
④ 테린 서빙 과정

1. 수업 개요

수업은 테린(Terrine)에 대한 이해와 어떻게 하면 맛있는 테린을 만들 수 있는지에 초점이 있다. 테린과 파테의 차이점과 테린을 만들 때 필요한 포스미트를 비롯하여 각종 재료에 따른 포스미트를 설명하고 테린을 만들 때 사용되는 몰드의 종류에 대해서도 설명과 이해를 하도록 한다. 목드 역시 재질에 따라 열전도율, 모양, 재료와 용도에 따른 몰드의 선택 등을 서로 토의하고 이해하도록 한다.

2. 주요 단어

① 파테테린(Terrines) ② 생선 무스(Fish Mousse)
③ 마리네이드(Marinade) ④ 몰드(Terrine Mold)

3. 강의 주제

• 테린의 정의와 만드는 방법, 테린과 파테의 차이점과 공통점

테린이란 포스미트 덩어리를 익혀서 각종 요리에 사용하거나 그 자체로 제공되는 프랑스식 요리이다. "테린(terrine)"이란 말은 도기형 몰드에 간 고기를 채워 익혀서 서빙하는 방식을 뜻하기도 한다. 어떤 재료를 가지고 만드느냐에 따라서 명칭은 매우 다양하다. 일반적으로 조리를 한 다음, 냉장고에 보관하였다가 상온에서 제공되는 찬 음식의 일종인데, 중세 프랑스에서 많은 노동력을 들여 매우 아름답고 예술적인 음식으로 만들어졌으며, 프랑스 레스토랑에서는 고급음식으로 평가받고 있다.

테린의 주 재료는 파테와 같이 포스미트이지만 파테와는 달리 반죽을 입혀서 조리하지 않는다. 물론 조리방법에도 차이가 있는데, 파테가 건식열을 이용한다면 테린은 주로 습식열을 사용하게 되는데, 오븐을 사용하더라도 굽지 않고 중탕에서 포치를 한다.

Chapter 2 테린 만드는 과정

1. 테린 포스미트 만들기
2. 테린 몰드 준비하기
3. 테린 완성과 젤라틴 채우기

1. 테린 몰드를 준비한다.

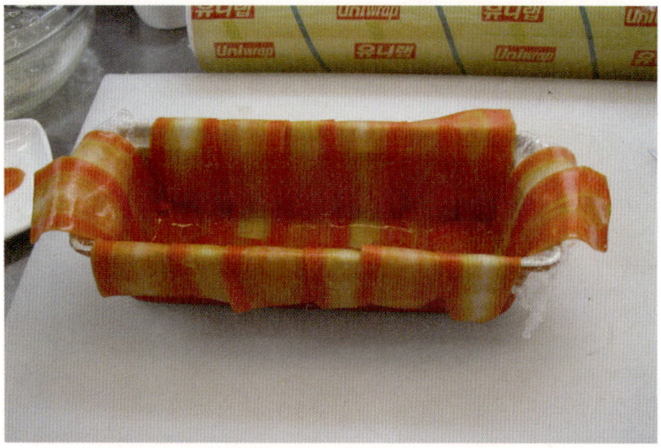

2. 테린 몰드에 용도에 따라 랩 또는 돼지기름이나 햄 등 얇게 썬 재료를 빈틈 없이 깔아 놓는다.

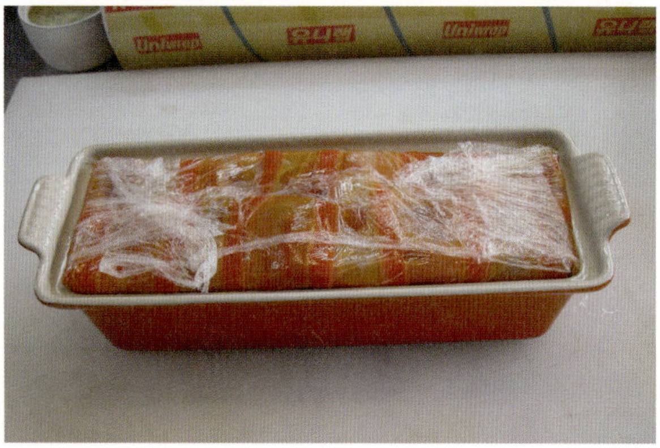

3. 내용물을 채우고 중탕에 담아 160℃ 오븐 또는 스토브에서 약 2~3시간 익혀 낸다.

4. 상온에서 식힌 다음, 냉장고에 하룻밤 정도 둔다.

5. 냉장고에서 하룻밤 지낸 테린을 꺼내 몰드에서 분리한 다음, 젤라틴을 깔고 그 위에 다시 테린을 얹은 후에 젤라틴을 부어서 굳힌다.

6. 젤라틴이 완전히 굳으면 썰어서 제공한다.

01 시골풍 테린 (Country Terrine)

산출량 1개

재료

60mL	브랜디
6잎	으깬 월계수 잎
1Ts	다진 세이지
1Ts	다진 타임
1Ts	다진 사보리
1ts	소금
½ ts	후추
30g	디존 머스터드
5쪽	다져 볶은 마늘
90g	다듬은 닭간
1Ts	설탕
½ ts	피클링 소금(T.C.M)
340g	네모썬 닭가슴살
170g	네모썬 돼지고기
170g	네모썬 돼지기름
60g	빵가루
60mL	우유
1개	달걀
2방울	타바스코
170g	중간 네모썬 햄
115g	껍질 깐 피스타치오
1개	작은 네모썬 트러플
340g	썬 베이컨

만드는 방법

1. 브랜디와 월계수 잎을 작은 냄비에 담아 끓인 후에 식혀서 걸러 낸다.
2. 브랜디, 세이지, 사보리, 타임, 소금과 후추, 디존 머스터드, 마늘, 닭간, 설탕, 피클링 소금, 돼지기름과 고기를 볼에 담고 한 번 섞어 둔다.
3. 돼지고기를 굵은 여과기에 갈아서 반은 가니시로 남겨 두고, 반은 다시 중간 굵기의 여과기에 갈아 둔다.
4. 빵가루는 우유에 담가서 불린 후에 완전히 불면 물기를 짜낸다. 이렇게 불린 빵가루를 중간 굵기로 갈아 둔 돼지고기와 섞고, 달걀을 넣어 푸드프로세서에 갈아 퓌레를 만든다.
5. 이렇게 만들어진 모든 재료를 섞어서 볼에 담은 후, 얼음 위에 올린다. 작은 크기의 퀸넬을 만들어 맛을 보고 맞지 않는 부분을 조정한다.
6. 테린 몰드에 플라스틱 랩을 깔고 그 위에 베이컨을 가지런히 깐다. 만들어 놓은 포스미트로 속을 채운 후에 약 75℃ 중탕에서 내부온도가 65℃까지 도달하도록 익힌다.
7. 조리가 끝나면 상온에서 식히고 내부온도가 40℃ 정도 되면 무거운 것을 몰드 위에 올린 후에 냉장고에서 하룻밤을 둔다.
8. 젤라틴 처리를 하여 고객에게 제공한다.

02 건포도를 넣은 오리 테린
(Duck Terrine with Raisin)

산출량 1개

재 료

600g	오리고기(중간 크기의 네모썰기 한 것)
300g	돼지기름
양념재료	
1Ts	소금
1ts	다진 프레시 세이지
1Ts	후추
1ts	다진 파슬리 잎
¼ ts	피클링 소금(T.C.M)
가니시	
120mL	작은 네모썰기 한 햄
150mL	구운 피스타치오
150g	불린 건포도
8장	길이로 얇게 썬 햄

만드는 방법

1. 오리고기 절반과 돼지기름, 그리고 양념류를 섞은 후 그라인더에서 고운 여과기로 갈은 다음, 볼에 담는다.
2. 나머지 오리고기를 팬에서 씨어링한 후에 식힌다.
3. 앞서 만든 포스미트를 조금 떼어 익힌 후에 맛을 보고 필요한 경우는 맛을 조정한다.
4. 포스미트 볼을 얼음 위에 올리고 가니시 재료를 넣어 고무주걱으로 조심스럽게 섞는다.
5. 테린 몰드에 랩을 깔고 그 위에 얇게 썬 햄을 가지런히 깔고 그 내부를 포스미트로 채운다.
6. 햄으로 포스미트를 완전히 감싸고 남은 랩으로 덮은 후 뚜껑을 덮어 80℃ 중탕에 담근 다음 150℃ 오븐에서 약 한 시간 가량 익힌다. 이 때 내부 온도는 65℃가 되도록 한다.
7. 조리된 테린을 상온에 한 시간 가량 두어 자연스럽게 식히고, 그 위에 무거운 것을 올린 후, 냉장고에서 2~3일까지 보관하고 필요한 경우에 꺼내서 사용한다.

03 삶아 익힌 치킨 테린
(Poached Chicken Terrine)

산출량 10~12인분

재 료

1.2kg	통닭
4L	치킨 스톡
1개	기본 향신료 주머니
각 240g	애호박, 노란호박(작은 네모썰어 데친 것)
240g	당근(작은 네모썰어서 완전히 익힌 것)
1ts	소금
½ ts	후추
200g	데친 시금치
50mL	썬 처빌, 타라곤, 차이브

만드는 방법

1. 닭껍질을 벗기고 스톡에서 향신료주머니와 함께 삶아서 닭고기가 완전히 부드러워질 때까지 익힌다.
2. 닭살을 약 3cm 크기로 뜯어서 채소와 함께 섞는다.
3. 닭을 삶고 남은 스톡을 졸여서 약 300mL 정도가 되도록 한다. 그리고 나서 소금과 후추로 간을 한다.
4. 테린 몰드에 랩을 깔고 데친 시금치를 한 겹 깐 후, 소금과 후추로 간을 하고 허브를 골고루 뿌린다. 이때 필요하면 스톡을 뿌려 허브가 골고루 표면에 붙도록 한다.
5. 앞서 섞어 둔 닭고기에 스톡을 넣고 나머지 허브와 잘 섞어서 테린 몰드를 채운다.
6. 테린 몰드를 랩으로 감싸고 무거운 것을 눌러서 냉장고에 넣고, 굳으면 썰어서 사용한다. 보통 7일 정도는 사용할 수 있다.

Cook's Tip

· 과일 살사를 곁들여 제공하면 맛있는 테린이 된다.

2주 4일차 스케줄

목표 : 채소 태린과 채소 무스만드는 방법을 익힌다.
(Skill Development of Vegetable Terrine and Mousse)

<table>
<tr><td rowspan="4">실습 내역
(Contents)</td><td colspan="6">1. Vegetable</td></tr>
<tr><td colspan="6">2. Vegetable Terrine</td></tr>
<tr><td colspan="6">3. Vegetable Mousses</td></tr>
<tr><td colspan="6">4. Assignment Tomorrow</td></tr>
<tr><td rowspan="10">주요도구 목록
(Utensil List)</td><td>번호</td><td>품 목</td><td>수량</td><td>번호</td><td>품 목</td><td>수량</td></tr>
<tr><td>1</td><td>칼</td><td></td><td>10</td><td></td><td></td></tr>
<tr><td>2</td><td>도마</td><td></td><td>11</td><td></td><td></td></tr>
<tr><td>3</td><td>테린 몰드</td><td></td><td>12</td><td></td><td></td></tr>
<tr><td>4</td><td>믹서기</td><td></td><td>13</td><td></td><td></td></tr>
<tr><td>5</td><td>조리용 포크</td><td></td><td>14</td><td></td><td></td></tr>
<tr><td>6</td><td>거품기</td><td></td><td>15</td><td></td><td></td></tr>
<tr><td>7</td><td>파이핑 백 노즐</td><td></td><td>16</td><td></td><td></td></tr>
<tr><td>8</td><td>조리용 붓</td><td></td><td>17</td><td></td><td></td></tr>
<tr><td>9</td><td>플라스틱 랩</td><td></td><td>18</td><td></td><td></td></tr>
</table>

<table>
<tr><td rowspan="12">진행시간 배분</td><td colspan="4">총 실습시간(Total Lab Time) 4시간 30분</td></tr>
<tr><td>시간
배분</td><td>강의 내용
(Lecture contents)</td><td>강의순서
(Lecture Outlines)</td><td>비고
(Remarks)</td></tr>
<tr><td>30</td><td>이론강의
(Lecture)</td><td>야채 테린과 조리방법</td><td></td></tr>
<tr><td>30</td><td>데모 및 실습준비
(Mise en Place)</td><td>야채 테린에 사용되는 재료와 기구배열</td><td></td></tr>
<tr><td>30</td><td rowspan="2">교수데모
(Demonstration)</td><td rowspan="2">야채 테린 만드는 방법</td><td></td></tr>
<tr><td>30</td><td></td></tr>
<tr><td>30</td><td rowspan="4">학생실습
(Activity)</td><td rowspan="4">야채 테린을 할 수 있도록 전처리한다.
야채 테린 몰드를 처리한다.
테린을 만든다.
굳히는 작업을 한다.
썰기 와 담기 작업을 한다.</td><td></td></tr>
<tr><td>30</td><td></td></tr>
<tr><td>30</td><td></td></tr>
<tr><td>30</td><td></td></tr>
<tr><td>30</td><td>정리 및 토의
(Clean Up)</td><td>정리정돈 및 다음 수업식 재료 확인</td><td></td></tr>
</table>

Chapter 1 수업점검사항

① 야채 테린에 대한(Vegetable Terrines) 정의
② 야채 테린의 특징과 주의사항
③ 야채 테린 만드는 과정
④ 테린 서빙 과정
⑤ 테린 보관 과정
⑥ 테린 중탕하기와 오븐에서 익히기

1. 수업 개요

수업은 야채 테린은 일반 테린과는 달리 포스미트를 최소화한다. 포스미트 대신 젤라틴의 접착력을 이용해서 테린을 만들게 되는데, 이때 젤라틴의 양을 최소화하면서 야채 본래의 맛을 살릴 수 있는 조리법을 수강생들에게 설명하고 이해할 수 있도록 하여야 한다. 또한 설명으로는 한계가 있으므로 데모를 하는 과정에서 명확하게 보여주어야 한다.

2. 주요 단어

① 야채 테린(Vegetable Terrines)
② 중탕(Water Bath)
③ 테린 몰드 랩핑(Mould Wrapping)

3. 교수 데모

① 야채 테린 재료준비하기
② 야채 테린 몰드 준비하기
③ 테린 완성과 보관하기

01 구운가지와 피망 테린 (Roasted Eggplant and pepper Terrine)

산출량 테린1개(20인분)

재 료

1.3kg	가지
180mL	비네그레트
900g	붉은 피망(구워서 껍질 벗긴 것)
60g	가루 젤라틴
1L	토마토주스
2 ts	소금
1 ts	후추
1 ts	다진 오레가노
1 ts	다진 타임
1 ts	다진 바질

만드는 방법

1. 가지를 길이대로 얇게 썰어 30분 정도 비네그레트에 담가 둔다. 비네그레트에 절여 두었던 가지를 꺼낸 후에 그릴에서 양쪽이 익을 때까지 구워서 식힌다.
2. 테린 몰드에 물을 뿌리고 플라스틱 랩을 깔아 둔다.
3. 잘 구워진 가지를 깐 랩의 몰드 위에 한 켠 깔아 둔다. 이때 틈이 생기지 않도록 일정한 순서대로 작업한다.
4. 구워서 껍질을 벗겨 둔 피망을 한 켠씩 깔아 가면서 테린 몰드를 채운다.
5. 토마토주스에 젤라틴을 넣은 후에 젤라틴이 물기를 완전히 먹으면 소금과 후추 및 다진 허브를 넣고 잘 섞어서 테린에 붓는다.
6. 중탕에 테린 몰드를 넣고 165℃ 오븐에서 테린의 내부온도가 60℃가 될 때까지 굽는다.
7. 오븐에서 테린을 꺼내 그대로 식힌다. 식으면 테린 위에 무거운 것을 올려 누른 후에 냉장고에서 하룻밤 둔다.
8. 필요할 때마다 꺼내서 썰어 제공한다.

02 버섯 테린 (Mushroom Terrine)

산출량 테린1개(10인분)

재 료

1Ts	젤라틴 파우더
120mL	마데라 와인
60mL	브랜디
500g	버섯(큰 네모썰기 한 것) (양송이, 느타리, 표고 등 섞은 것)
2개	샬롯(다져서 소테하여 식힌 것)
2쪽	마늘(다져서 소테하여 식힌 것)
30mL	식용유
각 30mL	타라곤, 차이브, 파슬리 잎(잘게 썬 것)
30mL	글라스비앙
2 ts	소금
½ ts	흰 후추
300g	닭가슴살(네모썰기 한 것)
1개	달걀
240mL	생크림

만드는 방법

1. 젤라틴 파우더를 마데라와 브랜디에 넣어 약 5분 정도 두어 젤라틴에 잘 스며들게 한다.
2. 팬에 오일을 두르고 샬롯과 마늘 및 버섯을 넣고 소테를 한 다음 젤라틴을 넣어 물기를 졸이는데, 약 한 스푼 정도의 물기가 남을 때까지 졸인다. 볼에 옮겨 담고 타라곤과 차이브, 파슬리, 소금과 후추, 그리고 글라스비앙을 넣고 식힌다.
3. 닭가슴살을 푸드프로세서에 넣고 갈아서 무스 형태로 만든 다음, 소금과 후추와 달걀 및 생크림을 넣어 완전한 무스로 만든다.
4. 무스를 조금 떼어 익힌 후에 맛을 보고 조절을 한다.
5. 섞은 버섯을 담은 볼을 얼음 위에 올리고 무스와 함께 잘 섞는다.
6. 테린 몰드에 플라스틱 랩을 깔고 섞은 포스미트를 공기가 없도록 잘 다져 넣는다.
7. 80℃ 중당에 몰드를 담고 150℃ 오븐에서 75분 가량 익혀서 내부 온도가 65℃가 되도록 한다.
8. 오븐에서 꺼내 상온에서 식힌 후, 냉장고에 보관하였다가 필요할 때 사용한다. 3일 정도 보관이 가능하다.

03 채소와 바닷가재 테린
(Lobster Terrine with Vegetables)

산출량 약12인분

재 료

각 150g	관자, 새우(네모썬 것)
양념재료	
1ts	소금
1Ts	레몬주스
⅓ ts	후추
1Ts	레몬 제스트
¼ ts	카이엔 페퍼
1개	달걀 흰자
150mL	생크림(냉장)
가니시	
300g	호박, 당근, 셀러리, 버섯(익힌 것)
300g	바닷가재살

만드는 방법

1. 관자와 새우를 프로세서에 넣어 곱게 갈은 후, 달걀 흰자와 생크림을 넣어 고운 무스를 만든 다음, 양념을 하여 볼에 담아 얼음 위에 올려 둔다.
2. 포스미트를 조금 떼어 익힌 후 맛을 보고 양념을 조절한다.
3. 바닷가재살과 채소를 넣어 골고루 섞는다.
4. 테린 몰드에 오일을 바르고 그 위에 랩을 깔은 후 포스미트를 빈 곳 없이 잘 채운다.
5. 80℃ 중탕에 담고 150℃ 오븐에서 내부온도가 60℃가 될 때까지 약 60~70분 가량 익힌다.
6. 중탕에서 꺼내 상온에서 식힌 다음, 무거운 것을 올려 냉장고에 보관한다. 약 7일 정도 사용이 가능하다.

2주 5일차 스케줄

목표 : 그동안 배운 내용들을 복습하여 정확하게 이해하도록 한다.

실습 내역 (Contents)	1. 필기시험(퀴즈 형태로 이론적 시험을 치른다.) 2. 무스 만드는 실기 테스트(생선, 육류 등 기본적 무스 또는 포스미트 만드는 시험을 본다.)

실습도구 목록 (Utensil List)

번호	품 목	수량	번호	품 목	수량

진행시간 배분

총 실습시간(Total Lab Time) 4시간 30분

시간 배분	강의 내용 (Lecture contents)	강의순서 (Lecture Outlines)	비고 (Remarks)
30	실기시험 (Practical Test)	1. 치킨 무스 만들기(선택) 2. 포스미트 만들기 (선택)	
30			
30			
30			
30	이론시험 (Written Test)	1. 수업내용 중 주요한 부분을 필기 평가함(선택) 2. 노트 검사 및 퀴즈 형태 평가함(선택)	
30			
30			
30	시험문제해설 및 토의 정돈 (Assignment)	종합 청소와 기물 수량 재료 재고파악	
30			

실습태도 및 실기 평가표

(Weekly Evaluation Check List)

번호	성명	위생 및 유니폼					재료준비 정도					기술향상 정도					동료애 및 협력 정도					출결					Total
		10~0					10~0					10~0					10~0					10~0					
		최상	상	중	하	최하	최상	상	중	하	최하	최상	상	중	하	최하	최상	상	중	하	최하	1회	2회	3회	–	–	50
		10	9	8	6	5	10	9	8	6	5	10	9	8	6	5	10	9	8	6	5	10	9	8	0	0	
1																											
2																											
3																											
4																											
5																											
6																											
7																											
8																											
9																											
10																											
11																											
12																											
13																											
14																											
15																											
16																											
17																											
18																											
19																											
20																											
21																											
22																											
23																											
24																											

3주차

3주 1일차 스케줄

목표 : 뷔페에 대한 이해와 뷔페 세팅 방법에 대해서 익힌다.

실습 내역 (Contents)	
	1. Presentation 2. Buffet Presentation 3. Plate Presentation 4. Plate Activity

실습도구 목록 (Utensil List)

번호	품 목	수량	번호	품 목	수량
1	칼		10		
2	도마		11		
3	뷔페 플레이트		12		
4	조리용 붓		13		
5	접시		14		
6	기타 소도구		15		
7			16		
8			17		
9			18		

진행시간 배분

총 실습시간(Total Lab Time) 4시간30분

시간 배분	강의내용 (Lecture contents)	강의순서 (Lecture Outlines)	비고 (Remarks)
30	Introduction	프레젠테이션의 기능 프레젠테이션의 기술 기본적인 접시담기 방법	
30			
30	Mise en Place	접시담기에 필요한 재료와 기구 배열	
30	Demonstration	접시 담기 뷔페 플레이트 담기	
30			
30	Room Activity	접시 담기 뷔페 플레이트 담기	
30			
30			
30	Clean-up	정리 정돈 및 다음 수업 식재료 준비	

Chapter 1 수업점검사항

① 뷔페의 역사적인 배경을 알고 있어야 한다.
② 뷔페 계획과 행사별 뷔페 종류를 이해하고 있어야 한다.
③ 뷔페 담기에 필요한 요소들을 이해하고 요소별 기능을 알고 있어야 한다.
④ 가니시, 즉 장식의 의미와 가니시 방법을 이해하고 있어야 한다.
⑤ 실용 가니시와 비실용 가니시의 용도에 대해 이해하고 있어야 한다.
⑥ 실제 뷔페 담기를 통해 기능적으로 익히고 있어야 한다.

1. 수업 내용

수업의 초점은 접시담기 개념을 익히는 데 있다. 가드망저에서 만들어지는 요리를 어떻게 접시에 옮길 것인가 하는 데 필요한 질문에 대한 답변을 통해 학생들은 음식을 아름답고 먹기 쉬우며 부가가치를 창출할 수 있는 방법을 익히게 된다.

2. 주요 단어

① 접시(Plate) ② 색(Colors)
③ 모양(Shapes) ④ 균형(Balance)
⑤ 질감(Textures) ⑥ 일관성(Unity)
⑦ 초점(Focal pint) ⑧ 흐름(Flow)
⑨ 센터피스(Centerpiece)

3. 강의 주제

접시담기의 개념

4. 교수 데모

접시담기 및 가니시

5. 뷔페의 정의

뷔페(buffet)란 음식을 제공하는 하나의 방법으로 음식을 일정한 공간에 차려 놓고 먹는 사람들로 하여금 자신이 먹을 음식의 종류와 양을 선택하여 먹도록 하는 것을 말한다. 즉, 음식을 제공하는 방법의 하나로서 음식의 종류와 양, 그리고 서비스를 본인의 의지에 따라 선택하도록 하는 비교적 자유로운 서비스 방식이다. 주로 뷔페는 호텔이나 사회적인 행사에서 다양한 방법으로 제공되는데, 형식과 목적, 가격 등의 요소에 따라 다양하게 나뉘어진다.

뷔페의 가장 큰 장점은 많은 사람들에게 한꺼번에 음식을 제공할 수 있다는 것이다. 이러한 이유로 인해 대규모의 국제회의, 결혼식, 각종 연회행사에서 뷔페식으로 음식을 제공하고 있다. 또 하나의 장점으로는 사람들이 직접 가까운 곳에서 음식을 보고 선택할 수 있다는 것이다. 일반적인 코스 요리의 경우, 기호도에 관계없이 서빙되지만, 뷔페의 경우는 직접 보고 선택을 할 수 있어 싫어하는 음식은 피할 수 있다. 하지만 셀프서비스인 관계로 뷔페는 정식 서비스를 받는 것보다는 자유롭고 캐주얼한 타입의 음식제공방식이라 할 수 있다.

6. 뷔페의 역사

뷔페의 기원은 스웨덴의 술자리 문화에서 비롯되었다. 스웨덴을 포함하는 스칸디나비아 반도에서의 뷔페 문화는 철도가 대중화되는 19세기 초까지 그렇게 많이 대중화되지는 못했다. 스칸디나비아 반도에서의 뷔페는 스모가스보드(Smorgasbord)라고 하여 어떤 행사나 저녁식사를 하기 전에 모여든 손님들에게 식전에 제공되는 술과 함께 먹는 음식을 뜻하였다. 주로 저녁 만찬 장소와는 별개로 준비되는 술자리 뷔페는 저녁식사를 하기 전에 일정한 장소를 만들어 남녀가 어울려 간단하게 술을 마시며 담소를 나누는 곳이었고, 주된 음식은 자리에 앉기보다는 서서 먹는 간단한 음식이었다. 이러한 스모가스보드는 1939년 뉴욕 세계전시회에 최고의 스웨덴 개발 음식으로 전시되면서 전세계에 알려지게 되었다.

뷔페(buffet)의 원래 의미는 프랑스에서 식당벽면 찬장에 음식을 넣어 두었다가 손님들에게 제공하는 프렌치 사이드보드(French sideboard)였다. 추후 음식문화가 발전된 프랑스 음식과 함께 스웨디디에 원류를 가진 음식으로서 하나의 서비스 제공형식으로 알려지게 되었다. 뷔페라는 단어는 스웨덴의 스모가스보드가 영어라는 세계적인 언어의 힘에 따라 전세계적으로 보급되었다.

Chapter 2 접시담기 기술 (Food Presentation Rules)

"보기 좋은 떡이 먹기도 좋다." 라는 우리나라 속담이 있다. 이는 내용이 좋으면 겉모양도 좋다는 의미와 겉모양을 잘 꾸미는 것도 필요하다는 뜻을 비유적으로 나타낸 말이다. 이러한 속담은 음식을 만드는 데 매우 적절한 비유이다. 접시담기는 뜨거운 음식이나 차가운 음식 할 것 없이 제한이 없다. 조리장은 음식을 담을 때 고객의 감각을 충족시키는 데 집중해야 한다.

매력적인 외관의 음식은 먹고 싶은 충동을 불러 일으킨다. 여기서 매력적인 외관이라고 하는 것은 조각이나 인위적인 형태를 말하는 것이 아니라 자연스러우며 색상의 조합 등이 서로 조화를 이루는 것을 말한다.

영어로 Food Presentation이라는 단어를 적당한 우리나라말로 대신하는 데는 많은 고민이 필요하다. 오래 전부터 푸드스타일리스트, 또는 푸드코디네이터 등에 대한 강의를 하면서 presentation을 우리나라 말로 적당하게 옮기려고 노력을 많이 했지만 "접시담기" 라는 표현이 가장 잘 어울리는 것 같아 약 10년 전에 처음으로 사용하면서 지금까지 사용하고 있다.

그 이유는 Presentation의 사전적 의미는 "제출", "설명 또는 보여주는 것", "발표" 등이다. 이러한 내용들을 종합하여 보면 조리하는 과정에서 고객에게 보여주고, 설명하고, 발표할 수 있는 것은 음식을 어떻게 접시에 담느냐 하는 것으로 귀결되게 된다. 따라서 본서에서 '접시담기' 라는 단어가 가진 의미는 영어로 presentation이다.

조리사가 가진 조리기술과 재능은 접시담기로 나타난다고 해도 과언이 아니다. 접시담기는 그 동안의 조리과정과 고객에게 제공되는 방법, 그리고 재료에 대한 시각적인 효과를 비롯하여 균형과 대비로 조리사가 만들어내는 예술적 가치를 표현해 준다. 조리하는 과정에서 접시담기의 중요성은 두말할 나위도 없다. 그렇다면 어떻게 메뉴를 디자인하고 기술을 접목하여 접시에 담아 낼 것인가 하는 것이 관건이다.

접시담기는 특히 조리의 모든 과정들이 압축되어 고객들에게 보여지게 되고 감동을 주는 가장 중요한 요소가 된다. 세계적으로 유명한 레스토랑이나 조리사들이 만든 요리를 보면 색, 향, 요리성격에 따른 깊이와 높이 및 균형 등이 예술적으로 나타나 있는 것을 알 수 있다. 명확하고 간결한 접시담기는 "보기 좋은 떡이 먹기도 좋다." 라는 우리나라 속담을 굳이 이야기하지 않더라도 고객들의 마음을 움직일 수 있는 가장 확실한 방법이다.

접시담기는 눈에 보이는 것 못지 않게 맛을 느낄 수 있는 향을 비롯하여 여러 요소를 고려해야 한다. 단순하게 시각적으로 확인할 수 있는 조리방법을 사용해야 한다.

1. 접시담기 요소

조리하는 과정에 있어서 접시담기의 중요도는 어느 정도일까? 간단하게 말한다면, 접시담기는 조리과정을 접시라고 하는 작은 공간에서 모두 보여 주는 것이라고 할 수 있다. 고객들에게 요리 전체에 대한 첫인상을 심어 주는 동시에 순간적으로 음식에 대한 평가를 내리게 되는 매우 중요한 요소라고 설명할 수 있다.

요리에서 첫인상이라고 하면 금방 이해하기 어려울 수 있겠지만, 질 좋은 와인을 종이컵이나 플라스틱, 또는 스테인리스컵에 담아서 고객에게 제공하는 것과 와인의 용도에 맞는 글라스에 담아서 서빙하는 것을 비교한다면 이해가 빠를 것이다. 따라서 접시담기는 보는 사람으로 하여금 보는 첫 순간에 무엇인가 감동을 줄 수 있는 기술로서 곧 이것이 접시담기의 기법이다.

접시담기를 잘 하기 위해서는 막연히 감각이나 경험에만 의존해서는 안 된다. 흔히 조리를 상식선에서 생각하기 때문에 체계적인 접근을 하지 못하고 곧바로 조리작업에 들어감으로써 많은 시행착오를 겪고 난 다음에 후회를 하는 것을 많이 보아왔다. 접시담기를 포함해서 조리과정은 반드시 과학적인 사고에서 출발하고 마무리해야 한다. 그렇다면 다음 장에선 접시담기를 잘 하기 위해서 반드시 숙지하고 실천해야 할 요소들을 살펴보기로 한다.

(1) 접시(Plate)

음식을 담는 데 있어서 그 음식 특성을 고려한 접시의 선택은 매우 중요하다. 얼마 전까지는 흰색 접시 일색이었으며, 접시에 장식을 하는 정도였으나 접시의 디자인과 모양이 발전하기 시작하면서 요리별로 접시의 선택폭이 넓어졌다.

식당에서 판매되는 메뉴를 위해 접시를 구입할 때에는 메뉴에 대한 명확한 개념과 요리 특성 등을 완전히 확정한 다음에 접시를 구입하도록 한다. 접시가 화려하면 요리의 특성이 접시의 화려함에 가려질 수 있다. 반면에 접시가 너무 단조롭거나 투박하면 전체적인 조화가 어렵고 요리의 고급스러움을 나타내기 힘들다. 따라서 접시를 선택할 때에는 요리의 특성을 최대한 살려 주면서 우아함과 고급스러움을 줄 수 있도록 고려하여야 한다. 접시의 구조를 살펴보면 크게 세 부분으로 나누어질 수 있다.

그림 1 접시의 구조

① 외 원 : 접시의 크기를 결정한다. 일반적으로 전채요리와 주요리 및 디저트에서 주요리의 접시는 12인치, 전채요리와 디저트의 경우를 10인치의 크기를 사용한다.

② 내 원 : 외원이 접시의 크기를 결정한다면 내원은 '음식 담을 수 있는 공간' 의 크기를 결정한다. 접시의 크기가 크다고 반드시 음식을 많이 담을 수 있는 것은 아니다.

앞서 설명과 같이 전채요리나 디저트의 경우는 요리의 양이 많지 않다. 그러나 접시가 작을 경우 볼품없어지는 경우가 있다. 이때 접시는 화려하고 큰 것을 선택한다고 할지라도 음식을 담을 수 있는 공간인 내원이 작은 것을 선택하면 적은 양의 음식을 담아도 접시의 공간이 꽉 찬 것 같은 느낌을 줄 수 있다.

③ 테두리 : 외원과 내원 사이 공간으로 고객에게 음식을 제공할 때에 손잡이 역할을 한다. 따라서 음식물이 테두리를 넘도록 담는 것은 피해야 한다. 접시를 선택할 때에는 음식물의 양에 따라 접시의 외원과 내원의 크기를 반드시 고려해서 선택한다. 아울러 접시의 문양이 지나치게 화려하거나 복잡하면 오히려 요리의 화려함이 접시의 색이나 화려함에 가려질 수 있으므로 단색의 접시나 매우 단순한 문양의 접시를 선택하는 것이 바람직하다.

(2) 균형(Balance)

균형은 여러 가지 측면에서 접근해야 한다. 만약에 준비하는 요리가 코스 요리인 경우 전채에서 디저트에 이르는 처음과 끝의 균형을 유지해야 한다.

영양적 관점에서는 단백질과 비타민 및 탄수화물의 구성에 관한 균형, 그리고 재료의 선택, 조리방법의 균형을 말할 수 있다. 조리방법은 습식과 건식, 그리고 복합조리방법을 효과적으로 사용하되 중복을 피해야 한다. 가령 주 재료의 조리방법으로 튀김을 했다면 곁들임 재료에 사용되는 조리법으로 튀김을 하지 말아야 한다.

(3) 모양(Shape)

모든 형태의 기본은 원형에서 시작되며, 재료의 수만큼 모양도 다르게 나타나야 한다. 다만, 인위적인 모양은 가능하면 피하도록 한다. 모양은 칼 기술과 매우 밀접한 관계를 가지고 있다.

너무 평범하거나 지나치게 복잡한 모양을 만들기보다는 칼로 썬 모양이나 형틀, 그리고 재료 자체의 모양을 그대로 나타낼 수 있는 방법을 쓴다.

(4) 색상(Colors)

접시 위에서 요리의 색은 서로 조화를 이루는 것이 매우 중요하다. 식재료 자체의 색을 선명하게 살릴 수 있도록 하고 최소한 3가지 이상의 다른 계통의 색이 섞여 조화를 이루도록 한다.

일반적으로 식재료의 색은 자연스럽게 맛에 대한 기대감을 갖도록 한다. 육류는 갈색, 전분류는 황금색 등 재료마다 기본적으로 맛에 대한 기대감을 높여 주는 색을 창조하도록 한다. 인공적인 물감이나 색을 내는 것은 오히려 부자연스럽기 때문에 풍미를 자극하지 못한다.

(5) 향(Flavor)

향은 눈으로 보면서 후각으로 느끼는 경우도 있고 눈에 보이지는 않지만 맛과 함께 미각으로 느끼는 경우도 있다. 요리의 경우는 눈으로 보여 주는 것이 곧 경험된 맛과 연결이 된다. 풍미는 뚜렷한 특징을 가진 재료를 구분하여 사용할 수 있도록 한다. 서로 섞이거나 불분명한 향을 피하고 중복이 되지 않도록 한다. 자연을 강조하는 신선한 향을 낼 수 있도록 노력한다.

(6) 질감(Texture)

접시담기서 질감의 기본은 부드러움과 단단함의 표현이다. 앞서 언급한 바와 같이 요리에서는 시각적인 효과를 최대화해야 한다. 예를 들어 양념을 하기 위해 후추를 사용한다면 눈에 잘 보이지 않는 미세한 후추보다는 굵게 으깬 통후추가 더욱 효과적이다. 또한 조리의 개념에 맞도록 다양한 질감을 창조하여 사용하도록 한다.

(7) 입체감(Height)

고전적인 접시담기는 대부분 평면적이다. 평면은 안정감을 주지만 형태 요리는 시각적인 효과를 높이기 위해 입체감을 주는 쪽으로 접시담기가 발전하고 있다. 재료의 본래 모양을 혼합하여 다양한 방법으로 요리의 높이와 입체감을 조절하되, 지나치게 높은 것은 불안감을 주므로 피하도록 한다.

따라서 입체감을 살리기 위해서는 메뉴개발을 할 때 고객의 입장에서 서빙 방법도 함께 고려하는 것이 좋다.

2. 장식하기 (Garnish on Presentation)

장식하기를 프랑스 말로는 "가니시(Garnish)" 라고 한다. 가니시란 프랑스어로 꾸미다, 장식하다, 완성하다, 공급하다 라는 의미를 가지고 있다. 영어로는 Decoration, Embellish, Addition of Other Items 으로 표현이 된다. 즉, 요리에 재료를 첨가하는 기술이라 할 수 있다.

중세 요리에서 가니시는 관심 대상에서 제외되어 있었으나 프랑스 고전요리에서부터 가니시를 많이 사용하면서 그랜드 퀴진(Grand Cuisine) 이후 그 기능이 확대되기 시작하여 현대에 와서는 요리에 매우 중요한 결정 요소로 작용하고 있다.

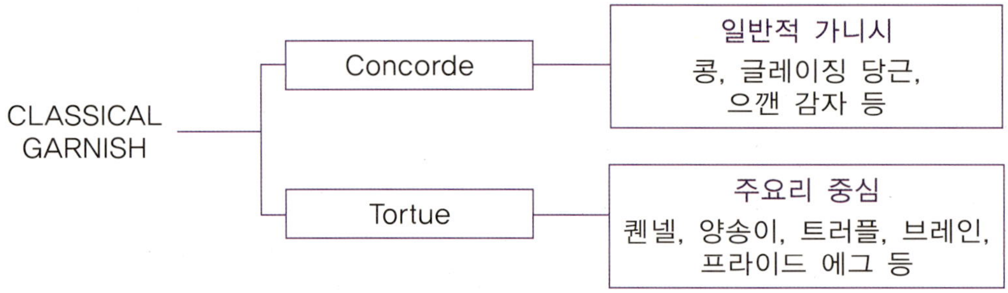

그림 2 고전요리에서 가니시의 구분

가드망저에서 애피타이저와 각종 카나페 등의 음식을 만들 때 가장 큰 고민 중 하나는 가니시의 결정이다. 접시담기에서 가니시를 결정할 때에는 무엇보다도 "왜 가니시를 하는가?" 를 질문해 보고 실행하도록 한다.

(1) 실용 가니시

실용 가니시는 질감이나 맛을 더하기 위해서 사용되는 재료를 말한다. 특징으로는 양념으로서의 맛이나 향을 가지고 있으며 요리와 함께 곁들여서 제공되는 각종 재료라는 점을 들 수 있다. 즉, 요리의 특징을 살려 주고, 주재료와 조화를 이루는 곁들임 재료를 말한다.

(2) 비실용 가니시

비실용 가니시는 먹을 수 있는 것과 먹을 수 없는 것까지 모든 재료를 포함하는 것으로 요리의 맛이나 질감 등에 기여하기보다는 시각적인 효과를 높여 주고 꾸밈적인 성격이 더 강하다.

일반적으로 높은 기술과 가치를 중시하는 조리장들은 비실용 가니시의 사용을 피하는 경향이 있다. 그 이유는 비실용 가니시는 지나치게 손이 많이 가고 인위적인 요소가 많으므로 음식에 대한 식욕을 떨어뜨리는 동시에 비위생적인 결과를 가져오기 때문이다. 위와 같은 설명에도 불구하고 실용 가니시와 비실용 가니시를 구분하는 기준은 매우 모호하다. 그렇다면 가니시를 사용하고자 할 때 스스로 질문을 던져 보면 그 답이 나오게 된다.

예를 들어, "왜 이 가니시를 넣고자 하는가?" 그 답이 오로지 색상을 내기 위해서라면 그 가니시는 먹을 수 있는 가니시든 그렇지 않은 가니시든 비실용 가니시가 되는 것이다.

표 1 가니시의 구분과 사용방법

가니시 구분	사용되는 가니시의 예
전분류 또는 야채	• 줄리앙, 다이스, 빠이잔느, 샤토, 토네 등의 채소를 썰어 곁들임 • 고구마, 감자, 인삼, 마 등을 가늘게 썰거나 튀겨서 곁들임 • 팬케이크, 튀긴 완톤, 국수류 등을 곁들이는 것
빵류와 질감표현	• 크루통, 삼각형, 멜바토스트, 허브와 빵가루를 섞은 크러스트 등 • 필로페이스트리, 옥수수칩, 밀가루로 감싼 각종 베이킹류
소스 가니시	• 꿀, 머스터드, 사프란, 각종 색의 후추, 허브와 스파이스 • 식초, 와인, 알코올류, 버터, 생크림류
샐러드색과 양념류	• 양파, 마늘, 색을 내기 위한 각종 채소류, 오렌지, 그레이프 등과 같이 곁들임용 채소 • 벨기안 엔다이브, 각종 색의 잎채소류, 열매류, 콩류 등
풍미를 위한 절임류	• 망고, 체리, 자두 등 설탕절임, 말린 과일류, 채소 절임류 등
비실용 가니시의 예	• 달걀 요리에 곁들여지는 썬 오렌지 • 레몬 크라운, 또는 장식 • 과일을 이용한 바구니류, 토마토나 과일류로 만든 장식 • 당근이나 채소로 만든 꽃잎들

(3) 가니시의 적용(Additional Garnish to Plate)

보다 효과적인 접시담기를 위해서는 가니시 요소들 간의 관계와 고객에게 제공될 때의 관계를 이해할 필요가 있다. 본 내용은 앞에서 언급한 것과 중복되는 것도 있지만 좀 더 자세하게 이해할 필요가 있다. 이러한 요소를 가니시의 8요소라고 한다. 가니시의 8요소는 다음과 같다. ① 재료선택 ② 모양 ③ 균형 ④ 질감 ⑤ 색상 ⑥ 양념 ⑦ 조리방법 ⑧ 배열

① **재료선택** : 재료선택의 중요성은 두말할 필요가 없다. 재료선택을 할 때에는 단순성과 관계성을 동시에 고려해야 한다. 주 재료의 성격에 따라 곁들여지는 가니시의 재료가 달라져야 한다. 가령 주 재료가 쇠고기일 경우는 쇠고기와 어울리는 곁들임은 수없이 많다. 이들 재료를 모두 사용할 수 없기 때문에 일반적인 것보다는 정확하게 특성을 나타낼 수 있는 재료를 선택하여야 한다.

② **모 양** : 같은 접시에 비슷한 모양의 가니시를 사용하는 것은 피해야 한다. 아울러 자연스러운 모양이라고 할지라도 속을 채운 것, 또는 비슷한 모양의 야채가 많지 않도록 한다. 한 접시 내에서 혼란스럽게 섞은 것을 지양하도록 한다.

③ **균 형** : 다양한 각도에서 균형을 말하지만 가니시에서는 주 재료와 영양적 균형을 기준으로 다른 균형을 고려하는 것이 바람직하다. 앞에서 말한 재료의 균형, 모양의 균형, 양념과 같이 사용된 향의 균형, 조리방법의 균형이 있다. 균형을 한 마디로 말한다면 "모순과 조화" 다.즉, 재료의 중복을 피하면서도 재료들 간의 보완관계를 찾아야 하기 때문이다. 접시 위에서 이러한 요소들의 균형은 예술적 가치를 창조하게 되는 것이다.

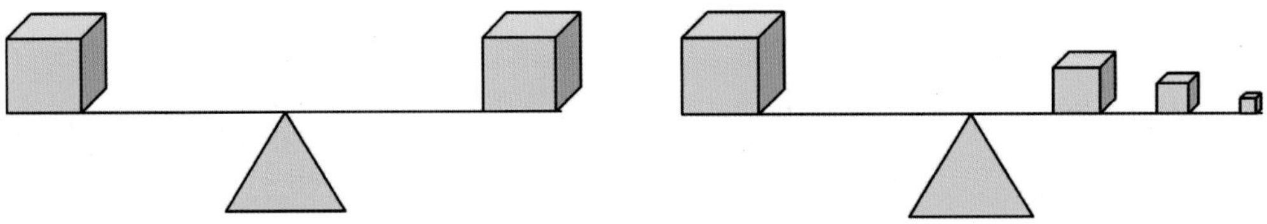

그림 3 대칭균형(좌)과 비대칭 균형(우)

④ **질 감** : 같은 접시에서 비슷한 질감을 여러 번 반복해서 사용하는 것은 요리에서 지루함을 느끼게 한다. 퓌레, 커스터드, 튀김, 구이, 그리고 글레이징 등으로 다양한 질감을 나타내도록 한다. 질감을 나타내는 표현으로는 매끄러움, 거칠음, 단단한, 부드러움 등이 있다.

⑤ 색 상 : 앞에서 이미 색상에 대해서 언급하였지만 요리에 있어서 색상은 한두 번 언급으로 중요성을 다 설명하기는 어렵다. 아무리 어렵다고 할지라도 접시담기에서 색상의 조화는 일정한 규칙이 있으므로 이를 잘 지키면 좋은 결과를 얻을 수 있다. 식재료의 색상은 신선함을 의미하므로 접시담기에서 색은 사용된 식재료의 질을 의미하기도 한다. 대부분의 경우에서 식재료에 따라 정확한 조리과정과 양념을 적용하고 전통적인 조합을 하면, 완성된 요리는 누구라도 인정하는 아름다운 색상을 가지게 된다.

여러 가지 색을 조합하여 완성시킬 수 있는 좋은 아이디어가 있지만 매우 혼란스러운 느낌을 준다면 오히려 가벼운 색상으로 단순하게 끝내는 것보다 못할 수 있다. 이러한 이유로 많은 조리사들이 맛과 함께 좋은 느낌을 줄 수 있으면서 자연스러운 색의 조화를 이룰 수 있는 방법을 원할 것이다. 그렇다면 다시 한 번 언급하지만, 정확한 조리방법을 고수하면서 앞에서 말한 기능적 가니시를 사용하도록 권하고 싶다.

갈색계통과 윤기 나는 색상은 소스류에서 많이 사용된다. 요리에서 색은 재료가 가지고 있는 고유의 색상도 있겠지만 무엇보다도 가장 아름다운 색을 나타내는 것은 조리기술이다. 예를 들어, 로스팅할 때 재료의 표면에 아름다운 색을 내기 위해서는 높은 열에 캐러멜화를 시킨다. 부드러운 갈색을 만들어 내기 위해서 소테를 하고, 야채 본래의 색을 유지하기 위해서는 증기를 사용한다. 아울러 육류나 야채에 갈색선의 아름다움을 나타내기 위해서 그릴을 한다. 투명하거나 식재료의 외관을 아름답게 하기 위해서 데치기를 한다.

초보 조리사들은 식품에서 나타난 눈에 보이는 색에 치중하는 경향을 보이지만 경력이 쌓이고 보다 깊은 조리기술을 아는 조리장들은 조리하는 과정에서 나타나는 색을 보다 더 중시한다.

⑥ 양 념 : 한 접시에 같은 향이나 맛을 내는 재료는 사용하지 말아야 한다. 마늘과 양파, 그리고 허브와 같은 양념류는 한 요리에 한꺼번으로 사용하지 않는다. 앞에서 언급한바와 같이 맛과 향이 나는 재료는 서로 보완되는 것을 확인하고 사용하도록 한다.

⑦ 조리방법 : 조리의 궁극적인 목표는 조리법의 진화다. 이러한 바탕에서 여러분들이 조리에 출전한다면 다른 팀과는 다른 조리법을 사용하여 질감과 요리의 분위기를 연출하여야 할 것이다. 조리를 하다 보면 조리법이 중복되는 경우가 많이 있는데 조리법을 기존방법에서 바꾸어 보는 것도 좋다. 예컨대 육류를 오븐에 구이를 했는데, 소시지를 곁들이고 싶다면 일반적으로 소시지는 그릴을 사용하지만 포칭을 해 보도록 한다. 육류를 브레이징했다면, 퓌레나 구운 전분 채소를 곁들여 보고, 생선이나 육류를 튀김으로 조리했다면 채소는 스팀이나 삶은 것을 사용해 볼 수 있다.

⑧ **배 열** : 배열은 선과 모양 그리고 용적에 대한 균형을 잡는 작업이다. 이러한 작업은 고객에게 요리를 제공하는 개념까지도 포함하고 있다. 배열의 접시 또는 뷔페 플레이트에서 총체적으로 연관되어 있다. 예를 들어 접시에 하나 또는 두 개의 선이 강하게 나타나 있다면 이것은 요리의 조화측면에서 매우 불안정하게 보인다. 그렇다면 나머지 공간을 부드럽게 하는 배열을 생성함으로써 전체적인 접시의 균형을 잡을 수 있다. 요리 자체의 자연스러운 모양은 접시나 뷔페 플레이트의 공간을 채워 주는 좋은 배열의 재료가 될 수 있다.

3. 배열하기

(1) 초점의 통일성

개인용 접시든 뷔페 플레이트든 요리 배열에 있어서 고객의 입장에서 초점의 통일과 편리성을 고려하여야 한다. 요리의 직접적 대상인 고객은 음식을 먹으려고 할 때 접시 위에서 재료의 배열에 의해 시각적인 평가를 우선할 수 있다. 이것이 요리에서 배열은 고객에게 주는 첫 번째 인상이 되는 것이다. 개인용 접시나 뷔페 플레이트에서 배열을 하는 작업은 그 위에서 재료들 간의 조화와 고객에게 제공하는 편리성의 결합이다.

(2) 배열의 흐름

접시담기가 균형과 통일성, 그리고 초점이 맞았다고 한다면 이번에는 접시에서 배열의 흐름을 보다 명확하게 설정하는 것이 중요하다. 흐름에서 대칭은 매우 중요한 요소이지만 움직임이나 균형적인 느낌이 없으면 시각적인 창조에 대한 흥분된 느낌을 줄 수 없다. 대칭적 균형을 이루면서 힘찬 흐름은 시각적인 느낌을 최대화하여 재료들 간의 창조적인 시너지 효과를 만들어 낸다.

접시담기에서 통일성이 결여되면 시선이 불규칙하게 머물면서 비전문가의 경우 알 수 없는 불편함을 느끼게 된다. 재료들 간의 통일성 결여는 흐름의 불균형을 낳게 된다. 다시 말하면, 접시담기를 할 때 통일성은 강한 흐름을 나타냄으로써 시선의 초점을 자연스럽게 흘러갈 수 있도록 한다. 따라서 초점과 흐름은 접시담기를 할 때 전체적인 분위기를 압도하게 된다.

배열의 흐름을 이야기할 때 가장 이해하기 쉬운 예가 바로 자연에서의 흐름을 따라 가는 것이다. 아래 그림 4-A에서 보여주는 나뭇잎의 선을 보면 중앙에 강한 일직선과 주위의 부드러운 곡선이 어울리게 배열되어 있음을 알 수 있다. 반면 그림 4-B에서는 강한 선을 찾아볼 수 없으며, 부드러운 선도 그 방향을 잃고 있어 혼란스러움을 느끼게 된다.

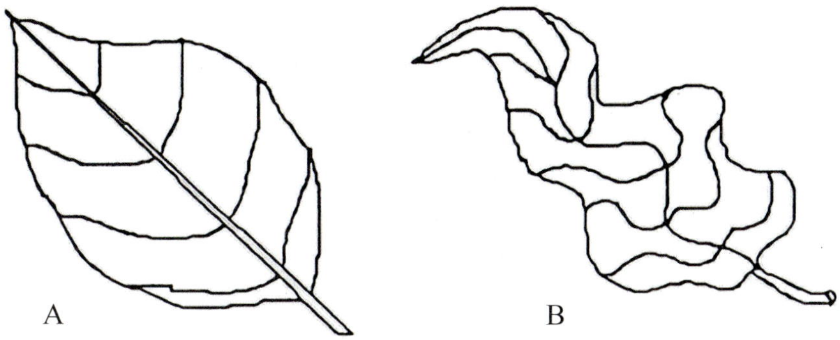

그림 4

성공적인 접시담기를 하기 위해서 무엇보다 중요한 것은 흐름을 나타내는 강하고 명확한 선을 창조하는 방법을 이해하여야 한다. 우선 강한 선이 여러분들의 요리 또는 뷔페 플레이트에서 접시담기의 골격을 이루게 구성한다.

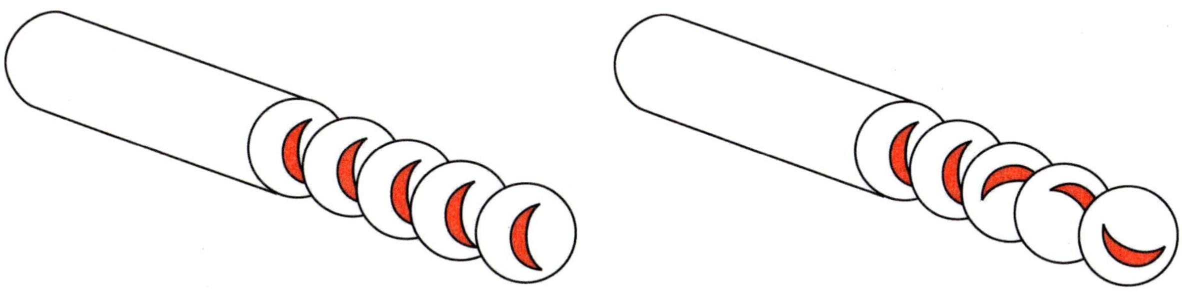

그림 A에서 볼 수 있는 것처럼 강한 선은 경쾌하고, 힘이 넘치며, 구조적으로 방향을 나타내고 있다. 동시에 부드러운 선은 강한 선과는 반대로 뻗어 나가는 방향성이 약하게 나타난다. 또한 부드럽지도 않고 방향성도 없는 선은 명확성을 잃고 있음을 알 수 있다.

강하고 명확한 선은 요리를 만들어 낸 조리사의 기술과 작업의 내용을 담고 있다. 이러한 선을 만들어 내는 것은 모양, 조리과정, 썰기, 위치선정 등에 의한다. 즉, 강함과 부드러움의 조화를 접시 위에서 창조해 내는 것이다.

4. 뷔페 요리와 접시담기 (Festival Plate)

뷔페 플레이트에서 접시담기는 경험이 많은 조리사들도 매우 어려워하는 부분이다. 특히 호텔이나 규모가 큰 레스토랑에서 뷔페 플레이트는 차가운 요리주방 조리사들의 업무에 포함되기 때문에 이 일과 관련이 없는 조리사들은 쉽게 접해 보지 못하는 분야이므로 더욱 어렵게 느껴지기도 한다. 물론, 찬 요리(Gardemanger) 주방에서 근무하는 조리사들도 뷔페 플레이트 접시담기 기술을 정확하게 이해하고 작업하기보다는 일상 업무에서 경험하였거나 상식적인 선에서 반복된 작업을 하고 있다.

(1) 뷔페 플레이트 3요소

뷔페 플레이트의 3요소는 센터피스, 주요리, 그리고 가니시이다.

① 센터피스 (Centerpiece or Grosse Piece)

뷔페 플레이트에서 센터피스는 중심을 잡아주는 역할을 한다. 뷔페는 다인용 접시를 사용하기 때문에 접시가 크고 공간이 넓어서 중심을 잡기가 매우 어렵다. 또한 여러 고객이 음식을 먹기 위해서는 처음 시작한 고객과 나중에 온 고객에게 같은 서비스가 이루어져야 한다. 뷔페 플레이트에 센터피스로 사용되는 재료로는 일반적으로 커팅하지 않은 주요리([예] 파테, 테린)와 관련된 재료, 즉 생선에는 생선, 육류에는 육류 등을 사용한다. 아울러 주재료와 어울리는 곁들임 채소인 렐리쉬볼과 소스, 버터조각 또는 야채조각 등을 사용한다.

② 주요리의 서빙포션 (The Slices or Serving Portions of Main food Item)

뷔페 플레이트에서 가장 중요한 포인트가 주요리의 개인별 요리 크기다. 주요리의 크기는 일정해야 하며, 수량도 일치해야 한다.

③ 가니시 (The Garnish)

가니시는 주요리와 어울리면서 각각 모양과 수량이 일치해야 한다.

(2) 뷔페 플레이트 담기 순서

뷔페 플레이트 작업은 한 번에 이루어져야 하고 작업이 끝나면 가능하면 변경하지 말아야 한다. 뷔페플레이트는 표면이 매우 섬세하여 일단 음식물을 놓게 되면 곧바로 얼룩이 생기고, 음식물을 옮겨놓은 자리가 선명하게 나타난다. 이렇게 한번 오염되면 좀처럼 깨끗함을 유지하기 어려워진다. 따라서 요리를 담기 전에 충분한 스케치를 통해 연습을 하고 단 한 번의 작업으로 마무리를 해야 한다.

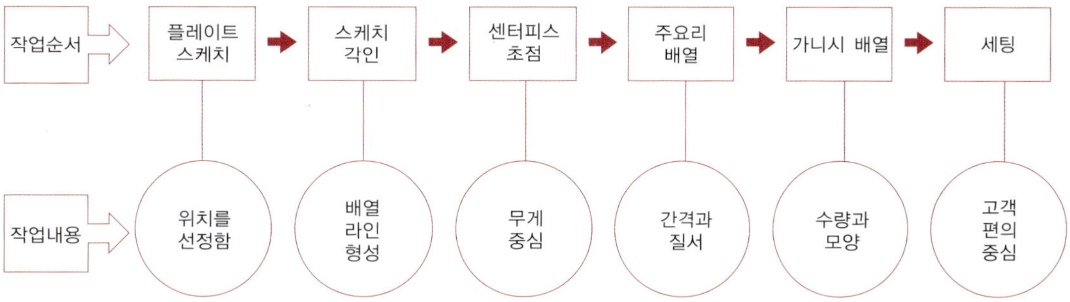

그림 5 뷔페 플레이트 작업 순서

(3) 뷔페 플레이트 담기 예

① 사각 플레이트

② 직사각형 플레이트

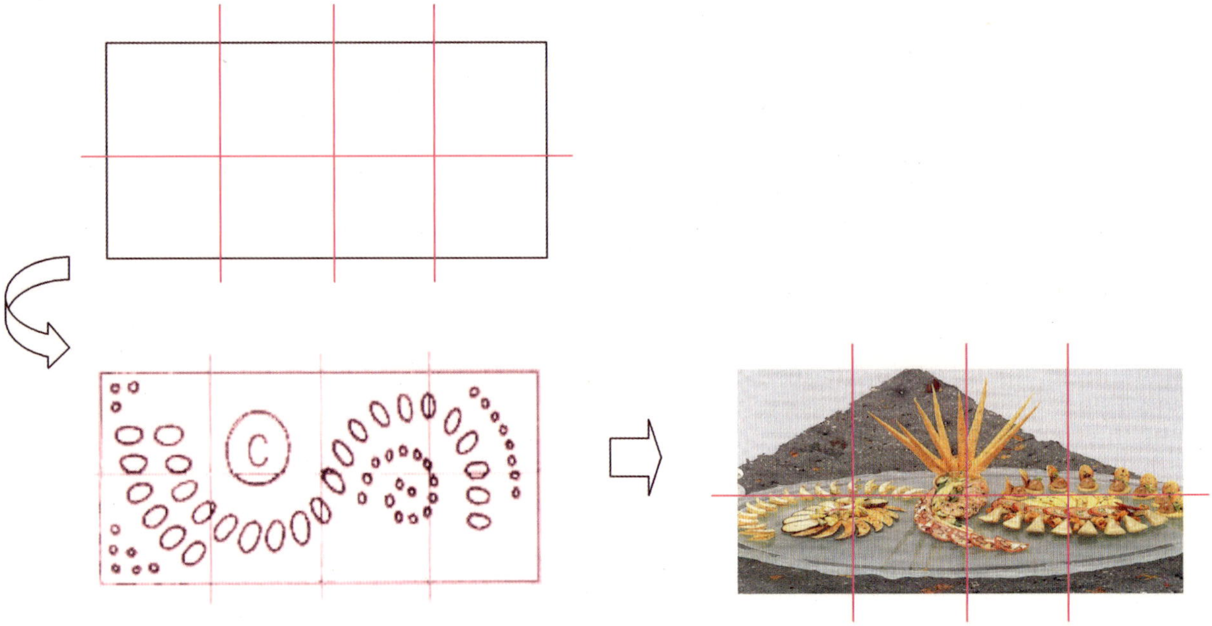

③ 원형 플레이트

Chapter 3 접시담기 시범 : Buffet Plate 만들기 10단계

(1) 행사의 콘셉트를 확인한다

① 행사의 종류에 따라서 음식의 양과 요리의 종류가 달라지게 된다.

② 조식 뷔페, 브런치 부페, 스탠딩 뷔페, 칵테일 뷔페, 만찬 뷔페 등

(2) 어떤 음식을 담을 것인지를 결정한다.

① 음식에 따라서 접시의 선택과 가니시나 소스 등 곁들임이 달라지게 된다.

② 달걀이나 쇠고기의 경우, 은도금된 그릇을 사용하게 되면 변색이 된다.

(3) 가니시와 소스를 결정한다.

① 생선, 육류, 가금류, 채소류 등에 따라서 곁들여지는 가니시와 소스가 달라지게 된다.

② 소스의 종류에 따라서 소스를 담는 기구 역시 달라지게 된다.

(4) 몇 인분의 음식을 만들 것인지를 결정한다.

① 음식의 양에 따라 접시의 크기를 선택하고 방법을 선택하게 된다.

② 음식의 양이 많아지면 서비스 방법을 단순화하고, 음식의 양이 적어지면 개별 접시를 고려한다.

(5) 음식을 담을 접시를 선택한다.

① 접시는 크기와 모양, 기능 등을 고려하여 선택한다.

② 접시의 크기에 따라 센터피스의 선택이 달라진다.

(6) 센터피스를 선택한다.

센터피스는 음식의 종류, 접시의 크기, 음식의 양, 종사원의 수준 등에 따라 결정된다.

(7) 음식을 준비한다.

메인 음식, 가니시, 소스 등 메인에 따라 적합한 음식들을 바로 담을 수 있는 크기로 준비한다.

(8) 접시를 준비한다.

① 앞서 선택된 접시를 음식을 담을 수 있도록 깨끗하게 처리한다.

② 접시의 온도를 음식에 따라 적합한 온도를 유지할 수 있도록 한다.
③ 갑작스러운 온도의 변화는 음식의 상태와 맛, 품질을 변화시키므로 주의한다.

(9) 음식을 담는다.

① 음식을 담을 때에는 먼저 머릿속에 스케치를 한다.
② 한 번 담은 음식은 옮기지 않도록 한다. 음식을 이동하게 되면 오염된 자리로 인해 시각적인 효과가 떨어지게 된다.

(10) 마무리한 후에 세팅한다.

① 마르지 않도록 커버를 씌우거나 랩으로 감싼다.
② 곧바로 서빙하지 않을 경우는 보관에 주의하여 서빙되는 순간에 최적의 맛과 품질을 낼 수 있게 한다.

3주 2일차 스케줄

목표 : 1. 갤런틴에 대한 이해와 만드는 방법을 익힌다.
2. 갤런틴과 유사한 응용조리법을 익힌다.

실습 내역 (Contents)	1. Galantines 2. Chicken Galantine 3. Assignment Tomorrow

실습도구 목록 (Utensil List)

번호	품 목	수량	번호	품 목	수량
1	뼈 제거용 칼				
2	조리용 칼				
3	굵은 실				
4	소창				
5	빽 마리				
6	플라스틱 랩				
7	쿠킹 포일				
8					
9					

진행시간 배분

총 실습시간(Total Lab Time) 4시간30분

시간 배분	강의 내용 (Lecture contents)	강의순서 (Lecture Outlines)	비고 (Remarks)
30	소개 (Introduction)	갤런틴의 소개와 갤런틴의 조리방법	
30	재료 및 시범준비 (Mise en Place)	치킨 갤런틴을 위한 재료와 기구 배열	
30	시범 (Demonstration)	치킨 작업방법 치킨 갤런틴을 만드는 방법과 응용법 묶기, 익히기	
30			
30	학생실습 (Room Activity)	치킨 갤런틴을 위한 닭 작업 치킨 갤런틴 속 만들기 치킨 갤런틴 묶기와 익히기 저장	
30			
30			
30			
30	정리 및 정돈 (Clean-up)	정리정돈 및 다음 수업 식재료 확인	

Chapter 1 수업점검사항

① 갤런틴의 정의
② 갤런틴을 만드는 방법
③ 발로틴과 갈란틴의 차이점

수업내용

수업의 초점은 갤런틴의 개념과 만드는 방법을 익히는 데 있다. 갤런틴 만드는 방법을 통해서 다른 응용된 요리 즉 유사한 요리들을 만들 수 있는 기술을 익힌다.

주요단어	강의 주제	교수 데모
갤런틴(Galantines) 발로틴(Ballotines)	갤런틴과 발로틴	갤런틴 만들기

Chapter 2 갤런틴 (Galantines)

갤런틴은 육류나 동물의 껍질을 감싸서 커다란 소시지 모양으로 만들어 사용하는 조리법을 말한다. 고전적으로 갤런틴은 발로틴(Ballotines)으로 불려졌었다. 발로틴은 동물의 일정 부분에 뼈를 제거하고 그 속에 포스미트를 채워넣은 후 본래의 모양을 그대로 유지하여 자연스러움을 강조한 음식이었다. 따라서 동물의 모양을 그대로 살리기 위해서는 높은 기술과 많은 시간이 요구되었다.

현대에 와서 발로틴의 의미는 브레이징(Braising) 또는 포칭(Poaching)하는 조리법을 말하기도 하고 경우에 따라서는 가금류의 다리나 육류 중에서 뼈를 다듬어서 남긴 다음에 조리하는 방법을 의미하기도 한다. 갤런틴과 발로틴의 차이점은, 발로틴은 하나의 주 요리로 서빙되면서 뜨겁거나 차게 서빙되지만 갤런틴은 대부분 차게 해서 서빙된다.

오늘날 갤런틴은 커다란 소시지 모양으로 만들어지게 되는데, 이렇게 하는 이유는 만들기 쉽게 하나씩 포션화를 하는 데도 효과적이기 때문이다. 따라서 시간도 절약되고 동일한 모양을 내기도 쉽다. 갤런틴은 굽거나 로스팅을 하지 않고 스톡에 포칭을 한다.

Chapter 3 갤런틴을 만드는 일반적인 방법

1. 재료를 준비한다.

2. 포스미트를 만든다.

3. 소창 위에 뼈 제거한 닭을 놓고 포스미트를 채운다.

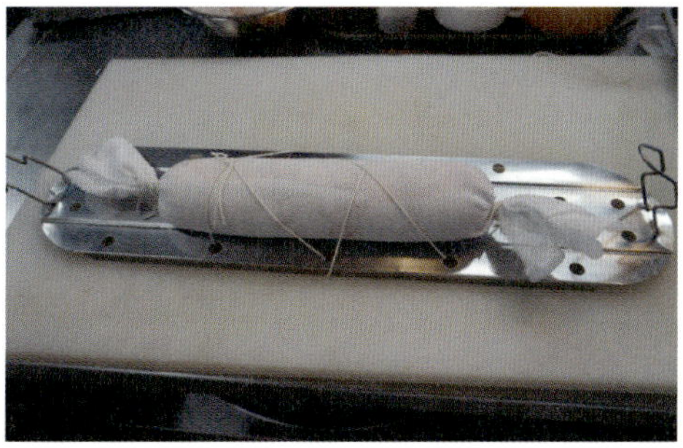

4. 보일러 판에 묶는다.

5. 보일러에 차가운 스톡을 채워서 포칭한다.

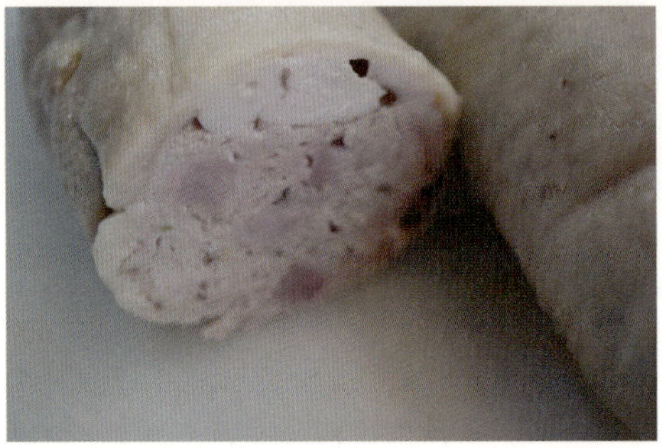

6. 식힌 후 썰어서 제공한다.

01 치킨 갤런틴
(Chicken Galantine)

산출량 3kg 갈라틴

재 료

결착제를 위한 재료

2개	달걀
45mL	브랜디
1 ts	파테 스파이스
85g	밀가루
1Ts	소금
½ ts	후추
240mL	생크림
1마리	닭고기(뼈를 제거하여 다듬은 것)
900g	돼지고기(어깨살 네모썰기 한 것)
180mL	마데라 와인
120g	햄(작은 네모썰기 한 것)
2Ts	다진 검은 트러플
120g	피스타치오(블란치하여 껍질 까서 다진 것)
필요한 만큼	치킨 스톡

만드는 방법

1. 결착제용 달걀과 브랜디, 향신료, 밀가루, 소금과 후추를 잘 섞는다.
2. 생크림을 넣고 끓기 시작하면 불에서 내린다.
3. 달걀과 밀가루 섞은 것을 끓인 크림에 넣고 섞은 다음 불에 올려 섞어 가며 끈끈해 질 때까지 조리한다. 끈끈해지면 내려서 식힌다.
4. 닭고기와 돼지고기를 같은 양으로 하여 2.2kg의 고기를 그라인더에 두 번을 갈아서 식힌다. 그라인더 여과기는 작은 크기로 한다.
5. 닭가슴살을 네모썰기하여 양념을 한 다음 마데라 와인에 절여 냉장고에 보관한다.
6. 닭가슴살 마리네이드 한 것에 물기를 빼고 갈아놓은 육류와 결착제를 함께 잘 섞는다.
7. 나머지 가니쉬재료인 햄, 트러플, 피스타치오 등을 넣고 얼음 위에서 잘 섞는다.
8. 모든 재료를 조심스럽게 잘 섞은 후 얼음 위에 두고 닭뼈를 제거한 갤런틴을 준비한다.
9. 소창에 닭껍질을 깔고 그 안에 포스미트를 넣어 롤을 만들어 묶는다.
10. 95℃의 스톡에서 갤런틴의 내부온도가 70℃가 될 때까지 조리한다.
11. 식힌 갤런틴을 꺼내서 팬에 담은 후 냉장고에서 하룻밤 정도 식힌다. 완전히 식으면 소창을 제거하고 썰어서 다른 재료와 함께 서빙한다.

3주 3일차 스케줄

목표 : 1. 치즈에 대한 이론적 배경과 함께 간단한 치즈 만드는 방법을 익힌다.
2. 치즈를 이용한 접시담기 방법을 익힌다.

실습 내역 (Contents)	1. 치즈의 정의와 치즈에 대한 명확한 이해 2. 치즈 만들기 3. 치즈 접시담기 4. Assignment Tomorrow

실습도구 목록 (Utensil List)

번호	품 목	수량	번호	품 목	수량
1	칼				
2	도마				
3	치즈 칼				
4	접시				
5	뷔페 플레이트				
6					
7					
8					
9					

진행시간 배분

총 실습시간(Total Lab Time) 4시간30분

시간 배분	강의 내용 (Lecture Contents)	강의순서 (Lecture Outlines)	비고 (Remarks)
30	소개 (Introduction)	치즈의 기능과 찬요리 치즈와 어울리는 재료	
30	재료 준비 및 시범 (Mise en Place)	재료와 기구 배열	
30	시범 (Demonstration)	치즈 만들기 치즈 플레이트 곁들임 방법	
30			
30	학생실습 (Room Activity)	치즈 만들기 치즈 플레이트 곁들임 기법	
30			
30			
30			
30	정리 및 정돈 (Clean-up)	정리정돈 및 다음 수업 식재료 확인	

Chapter 1 수업점검사항

① 치즈의 정의를 알고 있어야 한다.
② 치즈 만드는 방법에 대해 이해하고 있어야 한다.
③ 치즈의 종류에 대해 알고 있어야 한다.
④ 치즈 접시담기에 대해 실습을 통해 몸에 익혀 두어야 한다.
⑤ 치즈의 사용방법에 대해 알고 있어야 한다.

수업내용

수업의 초점은 치즈의 개념을 이해하고 치즈 만드는 방법을 익히는 데 있다. 한편, 이미 상품화 된 치즈를 접시에 담는 방법을 통해서 다른 응용기술을 익힌다.

주요단어

치즈(Cheese)
커드(Curds)
유청(Whey)
가염(Salting)
숙성(Ripening)
비숙성 치즈(Fresh Cheese)
숙성 치즈(Ripened Cheese)

강의 주제

치즈의 개념
치즈의 종류
치즈 만드는 과정

교수 데모

간단한 치즈 만들기
치즈 접시담기

Chapter 2 치 즈

1. 치즈 개념과 종류

치즈(Cheese)는 우유에 응고제를 넣어 덩어리를 만든 다음에 발효 또는 신선한 상태로 사용하는 식품이다. 치즈라는 말은 독일어 카제(Kase)와 라틴어인 카세우스(Caseus)에서 고대 영어인 카제(Cese)가 되고 다시 중세 영어인 Chese를 거쳐서 현대의 Cheese로 변화된 것이다. 또한 치즈의 프랑스어인 Fromage는 치즈의 제조과정 중 버들가지 바구니에 넣어 건조시킨 데서 유래한 그리스어의 Fomos(바구니)에서 나왔다.

치즈의 기원은 B.C. 6000년경 메소포타미아에 치즈와 비슷한 식품에 대한 기록이 있다고 하므로 그 기원은 매우 오래된 것으로 추측된다. 또 B.C. 3000년경 스위스의 코르테와 문화나 크레타 성의 문화시대에 치즈가 일상생활에 이용된 것으로 추정된다.

치즈 발견의 전설을 보면, 고대 아라비아의 카나나(Kanana)라는 상인이 사막을 횡단할 때 양의 위를 건조시켜 만든 주머니에 우유를 넣고 가다가 오랜 시간이 흐른 뒤에 우유를 먹으려고 주머니를 열어 보니 그 우유는 응유(curd)와 유청(whey)으로 구분되어 있었다고 한다.

응유는 새콤하고 감칠맛이 나며 향기가 새로워서 그 상인은 사막을 횡단하는 동안 응유로 시장함을 달래고 유청으로는 갈증을 해소하였는데 이것이 처음으로 유용하게 사용한 치즈의 시초라 한다. 치즈는 아시아에서 발견되어 유럽으로 전해진 것으로, 고대 그리스에서는 치즈의 좋은 맛을 알고서 하늘로부터 받은 신성의 기원이라고 생각하였다.

로마제국 시대와 중국 원나라의 시조인 징기스칸은 병사들에게 치즈를 군량으로 제공하였으며, 1차 세계대전 기간에는 치즈를 통조림으로 가공하여 오랫동안 저장할 수 있는 가공법이 개발되었다. 2차 세계대전 이후로 생산되는 모든 보급품 상자에는 한 개의 치즈 통조림이 포함되어 있다. 치즈는 저장과 운반이 용이하며 영양이 풍부하였기 때문에 고대로부터 현재에 이르기까지 군용식량으로 많이 이용되고 있다.

중세기에는 교회가 치즈의 제조기술을 잘 보존하였을 뿐만 아니라 더 발전시켜 어떤 종류의 치즈 제조의 비결은 수도원의 재산이기도 하였으며 유럽 각지의 농민은 수도사로부터 치즈의 제법을 전수받았다. 19세기까지 치즈의 제조는 지역 농산업으로 이어졌으며 주부들은 생활에서 여분의 우유로만 만들었다. 그러나 치즈를 공업적 규모로 생산한 것은 1851

년 미국 뉴욕주에서 Jesse Williams가 소규모 체다 치즈공장을 세운 것이 그 시초였으며, 미국 내에서 치즈 산업의 중심적인 역할을 하였다.

미국 농무성에 의한 치즈의 정의는 "박테리아에서 생성된 산이나 효소(rennet)에 의해서 우유의 지방과 카세인이 응고하여 얻게된 우유 성분의 일부이거나 우유에서 농축된 것"이라고 설명하고 있다. 즉, 유청에서 분리된 응유(curd)는 바로 비숙성 치즈(fresh cheese)로, 응유를 박테리아 이스트 공장이 효소 등으로 숙성시키면 숙성 치즈가 된다고 정의하고 있다. 치즈의 종류는 세계적으로 약 500종 이상이고 치즈의 맛과 향은 원유의 산지와 종류에 따라 다르다.

숙성과정에서 세균이나 곰팡이, 물, 기후, 온도의 영향을 받기 때문에 특정지역에서 만든 치즈를 다른 지방에서 맛과 향이 똑같게 만들 수는 없다. 치즈는 원래 지역적으로 발달된 것이어서 치즈의 이름은 원산지 명을 따서 부르는 경우가 있다.

(1) 치즈의 성분

치즈는 우유 중의 단백질인 카세인과 지방질이 거의 전부 옮겨간 것이다. 즉, 젖산균이 젖당을 분해하여 젖산을 만들고 이 산으로 카세인이 침전될 때 침전물의 덩어리 속에 지방입자가 휩싸여 들어간다. 젖산으로 분해되지 않은 나머지 젖당은 알부민 등의 수용성 단백질이 물에 녹은 채로 배수되어 제거된다. 따라서 치즈는 우유 중의 카세인과 지방이 약 1/10로 농축된 것과 같아진다. 더욱이 이 두 가지 주성분은 젖산균 등의 효소에 의하여 아미노산과 지방산으로 구성된 부분이 많고 수용성으로 흡수되기 쉬운 상태이다.

치즈는 100g당 열량이 약 400kcal이고 단백질은 20～30%가 들어 있는 고단백 식품이며 지방분도 27～34%가 들어 있으며 비타민 H는 우유의 8배인 1,200IU나 된다. 무기질도 인이 100g당 600～800mg, 칼슘은 600～900mg씩 함유되어 있다. 즉, 치즈는 우유에 비해 지방, 단백질, 비타민 A가 8～10배이며 칼슘과 비타민 B_2는 5배로 농축되어 있고 열량은 6배 정도나 된다.

치즈의 지방질은 콜레스테롤과 밀접한 관계가 있는 스테아르산이나 팔미트산이 다른 동물성 지방에 비해서 상대적으로 적기 때문에 동물성 지방이 고혈압이나 심장병 환자에게는 금기로 되어 있으나 치즈는 그런 제한을 받지 않는다. 또한 치즈는 한국인에 부족하기 쉬운 동물성 단백질, 지방, 칼슘, 비타민 A와 B_2 등을 완전히 갖춘 식품으로 단백질은 제조과정에서 단백질 분해효소에 의해 1차 처리되었기 때문에 소화흡수율이 90～98%나 되며 육류 단백질 소화흡수율과 비교하면 훨씬 높기 때문에 연질 치즈는 세계 각국에서 환자의 식사에 불가결한 단백질 급원으로 이용되고 있다.

(2) 치즈 보관방법

치즈는 영양가치가 높은 만큼 미생물에 대해서도 좋은 배양지가 된다. 또한 지방함량이 높으므로 고온에서 보존하면 지방이 분리되고 공기에 오래 노출시켜 두면 쉽게 상하게 된다. 치즈의 보관온도는 3～5℃가 가장 이상적이며 0.5℃ 이하에서는 냉동되어 푸석푸석한 조직이 된다.

자연 치즈는 발효미생물, 주로 젖산균이 그대로 살아 있어서 오래 보관하면 지나치게 숙성돼 품질이 저하된다. 가공 치즈는 가열 살균하였으므로 보존조건이 좋으면 매우 오랫 동안 보존할 수 있어 개봉하지 않은 상태로는 6개월 정도 보존이 가능하다.

한번 사용한 치즈는 표면이 건조하여 단단해지거나 곰팡이가 발생할 수 있으므로 밀폐된 용기에 넣거나 쿠킹 포일이나 유니 랩으로 밀착시켜 포장하여 냉장고에 보존한다. 치즈의 표면에 곰팡이가 발생한 것이라도 표면의 일부만일 경우에는 그 부분을 잘라내고 사용하면 된다.

치즈는 직사광선을 피하고 청결하고 통풍이 잘 되는 건냉한 곳에 보관해야 하며 냄새가 강한 야채나 생선 등과 함께 보관하는 것을 피한다. 연질 치즈와 같이 주의를 요하는 품목과 경질 치즈와 같이 보관하기 용이한 품목으로 나누어서 두 가지로 분류하여 놓는 것이 바람직하다. 치즈의 고유한 맛과 부드러움을 되살리기 위하여 먹기 한 시간 전에 실온에서 보관하는 것이 좋다. 그러나 생치즈류는 저온상태의 치즈를 섭취하는 것이 좋다.

(3) 치즈 제조과정

원유청정 → 살균 및 냉각 → 응고제 첨가 → 응고커드 분쇄 → 물 빼기 → 틀에 넣기 → 압착하기 → 소금 첨가하기 → 숙성시키기 → 시장유통

그림 1 치즈 제조과정

① 원료유청정 (Raw Milk)

원료유(우유, 양젖, 염소젖, 물소, 낙타, 당나귀 등)는 치즈 제조의 주재료로써 치즈 제조의 적합 여부를 확인하기 위해 선별검사를 실시하는데, 선별에 따른 검사내용은 포함된 지방률, 산도율, 알코올을 이용한 검사, rennet 응고검사 등으로 이루어진다.

② 살 균 (Pasteurizing)

치즈를 제조하기 위해 선별된 원료유는 보편적으로 HTST(High Temperature Short Time) 살균법을 표준으로 75℃에서 15초 동안 살균한다. 참고로 135℃에서 2초 동안 살균하는 UHT(Ultra High Temperature) 살균법은 일반 우유에 적용하며, 60℃에서 10분동안 살균하는 LTLT(Low Temperature Long Time) 살균법은 경비와 시간이 많이 소요되고 장기적인 보존이 불가능한 고전적인 살균법으로서 현재는 거의 사용하지 않고 있다.

③ 응 유 (Curd formation)

살균처리된 원료유는 응유 형성을 위해 cheese vat에 넣는다.

- 염화칼슘($CaCl_2$)의 첨가 : 첨가 목적은 레닛의 응고를 촉진시키고 응유가 단단하게 되는 것을 조절하고 탄력성 있게 하며, 응유 형성의 시간 단축 및 레닛 사용량의 절감효과를 얻기 위해서이다. 그러나 레닛의 대용품으로서는 불가능하며 항상 레닛의 응고촉진용으로 사용된다.
- 색소 첨가 : 치즈의 종류에 따라 사용되는 천연의 식물성 색소인 annatto를 색소로, 유산발효(유산균에 의해 유기물 분해되는 현상)시간이 15분~2시간 경과 후에 첨가된다.
- 레닛 첨가 : 스타터(starter)만으로는 응고작용이 약하므로 스타터에 의해 산이 생성되면 응고를 돕기 위해 일정량의 레닛(치즈의 종류에 따라 첨가량이 다름)을 염화나트륨(식염수) 용액에 섞어서 첨가한 후 혼합이 잘 되도록 일정하게 저어 준 다음에 그냥 두면(setting) 응고가 시작된다. 이러한 레닛의 작용은 젖의 응유(젖의 주요 단백질인 카세인이 지방과 함께 굳어진 것)와 유청(그밖의 단백질, 젖당, 미네랑, 수분이 분리된 것)이 분리되는 과정을 촉진하고 카세인(젖 속의 수용성 단백질)을 물에 녹지 않은 형태로 만들기 때문이다.

④ 응유의 절단 (Curd cutting)

치즈의 종류(연질 치즈 또는 경질 치즈)에 따라 절단용 칼로 응유의 표면적을 크게 또는 작게 절단하여 유청의 배출량을 조절하게 되는데, 수평절단과 수직절단 방식이 있고, 크기에 따라 보편적으로 0.3~1.5cm 정도의 간격으로 절단한다.

⑤ 커드의 가온 처리 및 유청빼기 (Whey off)

응유를 가온할 때 교반을 동시에 실시하면 교반시에 유청이 배출되어 응유는 1/2로 수축된다. 가온온도는 치즈의 종류에 따라 30~55℃ 사이에서 가온하는데, 연질 치즈는 31℃ 전후에서 가온하고 경질 치즈는 40℃ 전후에서 가온처리한다. 또한 경질 치즈 중에는 약 55℃라는 비교적 고온으로 가열하는 것이 있는데, 이러한 것들은 고온 치즈라고 한다.

⑥ 틀에 넣기 및 압착 (Moulding & Pressing)

틀에 넣기 전에 응유를 분쇄 교반하여 불쾌한 가스와 냄새를 배출시킨다. 대형 응유를 틀에 넣고 지방의 유출 방지를 위해 천천히 가압하여, 유청을 최종적으로 배출시키고 치즈 특유의 모양을 형성시킨다. 연질 치즈의 경우에는 수분을 많이 함유시키기 위해 거의 가압하지 않고 반전에 의해 치즈 자체의 무게로 유청배출을 조절한다.

⑦ 가염하기 (Brining)

가염의 목적은 치즈의 종류에 따라 다르지만, 대체적으로 치즈의 맛을 증대시키고 저장성을 높이기 위해서이며, 유해한 미생물 번식을 억제하고 치즈 표면 및 가장자리의 형성을 양호하게 한다. 또한 삼투압에 의한 유청배출을 촉진시킴으로써 수분을 조절한다. 가염방법은 습염법(brine tank=식염수 통에 넣음), 건염법(식염을 직접 응유에 뿌림), 겸용법(두 가지 방법 모두 포함)으로 나누어진다. 가염처리된 생치즈(green cheese)는 표면처리를 위해 파라핀 용액에 담근다. 표면처리의 목적은 숙성 시에 곰팡이 발생을 방지하고 발생한 곰팡이를 살균하며 수분 및 풍미를 유지시키는 데 있다. 수분 증발로 인한 표면경화(case hardening)현상을 방지하고 장기간 숙성과 보존이 용이하다.

⑧ 숙　성 (Ripening or aging)

압착을 마친 생치즈(green cheese)는 고무와 같이 단단하고 풍미가 없으므로 치즈의 종류에 인공적으로 적당한 미생물을 첨가하거나 곰팡이 분무 또는 푸른 곰팡이를 심는다. 그 밖에 치즈의 표면을 식염수나 브랜디로 적시는 방법, 식염수 또는 사과주나 포도주에 적신 헝겊으로 치즈 껍질을 닦아 주는 방법 등으로 치즈의 수분을 유지하여 유연성을 준다. 각각 특정 미생물의 발육(유당이 유산으로 분해되는 과정)과 증식을 촉진시키기 위해서 이와 같이 숙성기간 동안 치즈의 내부나 표면에서 미생물에게 화학적 변화를 일으키게 하여 단백질과 지방을 분해하고 갖가지 물질이 생겨서 치즈 특유의 풍미와 향기를 갖게 한다. 또한 화학적 변화를 일으킬 때 젖산은 프로피온산, 탄산가스(CO_2), 초산 등으로 분해된다. 이 과정에서 탄산가스는 숙성 중에 치즈 속에 갇혀 기포(치즈공)가 형성된다. 그리고 일정한 온도(7～14℃)와 습도를 갖춘 장소에서 일정기간(몇 주일～수년 동안) 동안 숙성시킨다.

(4) 치즈의 분류 및 종류

치즈의 분류는 사용된 원유(젖소, 양, 순록, 물소, 당나귀, 염소, 낙타 등)에 따라 분류하기도 하고 숙성시킬 때 사용한 곰팡이나 박테리아 종류에 따라 또는 치즈의 제조과정에서 이용한 응결방법, 숙성방법, 첨가물, 숙성조건(온도, 시간, 습도)에 따라 분류하기도 한다.

하지만 대체적으로 경 · 연질에 따라 분류한다. 또한 치즈를 자연 치즈와 가공 치즈로 분류하기도 한다.

자연 치즈는 치즈를 숙성시킨 미생물이 온도 또는 습도의 영향으로 숙성을 계속하게 되므로 같은 종류라도 먹는 시기에 따라 독특한 맛이나 향취가 다르게 된다.

가공 치즈는 자연 치즈를 우리의 기호에 맞게 가공한 것으로 강하게 느껴지는 향취를 약하게 유화시킨 것이다. 가공 치즈는 품질이 안정되어 있기 때문에 보존성이 좋으며 소비자가 용도에 알맞은 제품을 선택할 수 있는 장점이 있다.

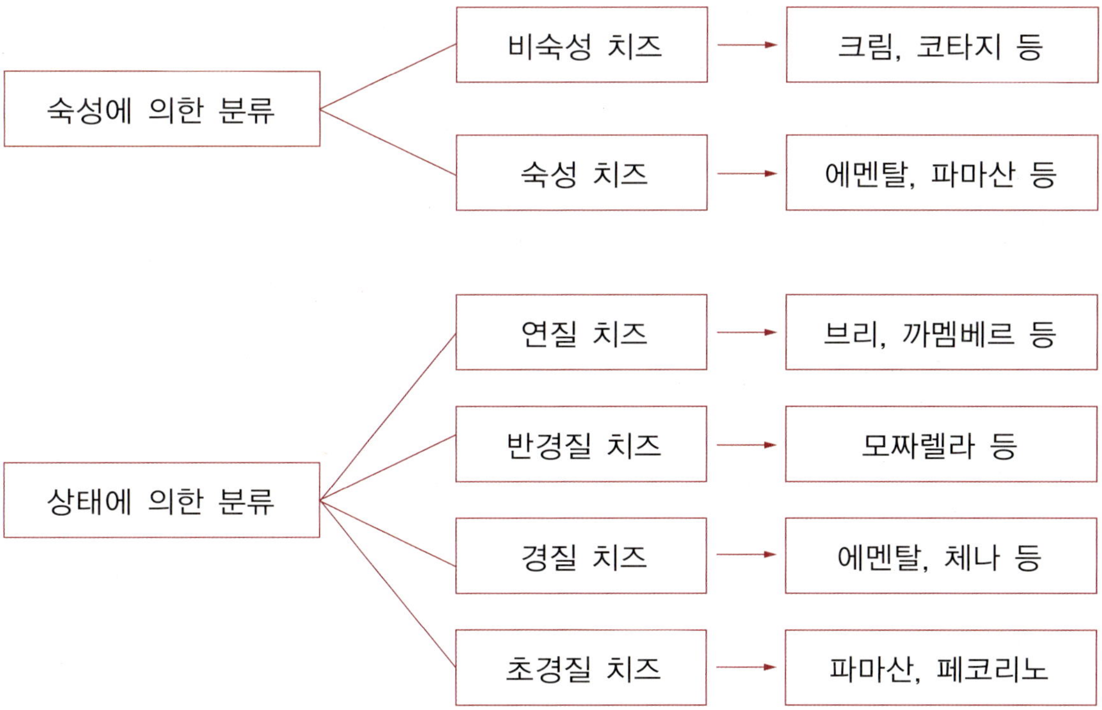

그림 2 치즈 분류표

① 비숙성 치즈

- 코티지 치즈 (Cottage cheese) : 네덜란드에 기원을 둔 매우 맛있고 부드러운 치즈이며 산성을 가지고 있고 레닛(rennet, 응용효소)으로 응고시킨 비숙성 치즈이다. 지방함량은 4% 전후이며 샐러드, 치즈 케이크, 파이 등에 사용한다. 이것은 쉽게 부식되므로 낮은 온도에서 저장하여야 한다.
- 크림 치즈 (Cream cheese) : 크림이나 크림과 우유의 혼합물로 만드는 응결시키지 않은 연질의 비숙성 치즈로서 미국에서 가장 인기 있는 치즈이다. 지방함량은 45% 이상으로, 65% 이상인 것은 더블 크림 치즈라고 부른다. 일반적으로 스타터(starter)와 레닛의 양쪽을 사용하지만 더블 크림 치즈는 스타터만으로 발효시킨다. 카타페, 샌드위치, 샐러드, 샐러드 드레싱, 디저트 요리에 광범위하게 사용된다.
- 리코타 치즈 (Ricotta cheese) : 이태리산 소젖 또는 양젖을 원료로 한 비숙성 연질 치즈이다. 지방함량은 20～30%로 비교적 적으며 입에 닿는 감촉이나 형상은 코티지 치즈와 유사하다. 라비올리나 카네로니, 과자 등에 이용되며 설탕을 뿌려서 디저트로도 사용한다.
- 뇌샤텔 치즈 (Neafchatel cheese) : 크림 치즈와 매우 유사하지만 높은 수분함량과 좀 더 적은 지방성분을 함유하고 있다. 프랑스에 기원을 둔 아주 연한 조직과 부드러운 맛을 가지고 있으며 전유나 탈지우유 혹은 우유와 크림의 혼합물로 만들어진다. 지방함량은 약 45% 정도이고 카나페, 스프레드, 샐러드, 드레싱 등 많은 디저트 식품에 사용된다.
- 브휘스 치즈 (Brousse cheese) : 프랑스산으로 전통적으로는 양젖으로 만들지만 현재는 소젖으로도 만든다. 응유를 바구니에 담아 유청을 배출시키므로 바구니 모양이 된다. 지방함량은 45% 정도이며 샐러드용으로 많이 사용된다.

• 미소스트 치즈 (Mysost cheese) : 노르웨이산 소젖으로 만들어지는 유청 치즈이다. 지방함량은 10～20%로서 샐러드, 드레싱, 디저트 등에 사용된다.

• 마스카포네 치즈 (Mascarpone cheese) : 이탈리아 치즈로, 신선한 크림을 가열하여 굳힌 후에 남은 응유의 물을 빼고 거품이 나게 휘저어서 만든다. 지방함량은 55～60%로 고체 크림 치즈이다. 이태리에서는 일반적으로 크림처럼 사용되거나 보통 디저트로 신선한 과일과 함께 먹으며 어떤 지역에서는 안초비와 겨자 및 양념을 치즈에 혼합하여 먹기도 한다.

② 세균 숙성 치즈

• 리바로 치즈(Livarot cheese) : 프랑스 노르망디 지방의 소젖으로 만드는 매우 오래된 치즈이다. 지방함량은 40～45%로 향기와 맛이 강한 편이다.

• 마루알 치즈(Maroilles cheese) : 프랑스산으로 10세기에 마루알 수도원의 수도승에 의해 만들어진 가장 오래된 치즈 중의 하나이다. 지방함량은 45～50%이고 윤기가 나는 적갈색으로 맛은 강하다.

• 문스터 치즈(Munster cheese) : 독일의 서부 국경 근처의 문스터 지역에서 7세기에 처음 만들어졌으며 붉은색 껍질을 가지고 있는 노란색 치즈로, 매우 얼얼한 맛이 나고 오랫동안 숙성하기 때문에 강력한 향기를 가지고 있다. 지방함량은 40%로 샌드위치나 피자에 사용한다.

• 르블로숑 치즈(Reblochon cheese) : 프랑스 치즈로 가축에게서 두 번째로 받아낸 젖을 의미하는 Savonard라는 사투리에서 유래된 이름이지만, 원래 농부들이 낮에 우유짜기를 마친 후에 자신들이 사용하기 위해 소에게서 몰래 가져온 우유로 만들었다고 한다. 이 치즈는 빨리 숙성되는 특성이 있기 때문에 지나치게 숙성되면 불쾌한 쓴맛이 난다. 지방함량은 45～50%로 껍질은 분홍색이 도는 회색이고 치즈의 몸체는 풍부한 맛을 가진 희미한 크림색이다.

• 가프롱 치즈(Gaperon cheese) : 프랑스산 치즈로 약하게 압착하여 만들며 버터 또는 밀크나 탈지유를 원유로 사용하고 마늘향 또는 후추맛을 내기도 한다. 지방함량은 30% 정도이다.

• 퐁 레베크 치즈(Pont Leveque cheese) : 17세기에 노르망디 지방에서 처음 만들어진 치즈로, 이 치즈의 주요 시장이었던 Calvados 내의 마을이름을 따서 명명되었으며, 이전에는 Angelot라고 불리기도 하였다. 내부는 황금색이며, 완전히 숙성된 것은 강한 냄새와 맛을 갖지만 지방함량은 45～50%이다.

• 바농 치즈(Banon cheese) : 프랑스산 치즈로, 원래는 염소젖으로 만드나 겨울과 봄에는 양젖으로도 만든다. 이것은 브랜디와 포도주를 짠 찌꺼기의 혼합액에 담근다. 소형의 원주형으로 만들어서 밤나무 잎으로 싸거나 생선묵 모양으로 만들어 허브를 얹어 풍미를 내는 것도 있다. 지방함량은 45～50%이다.

③ 곰팡이 숙성 치즈

• 카망베르 치즈(Camembert cheese) : 이 치즈는 가장 인기 있는 프랑스 치즈 중의 하나이다. 18세기 노르망디 지방 어느 농부의 아내인 Marle Harel이 제조자로 알려져 있으며 카망베르 마을의 이름을 따서 지어진 것이다. 이것은 나폴레옹 시대에 유명해졌으며 손가락으로 부드럽게 눌러도 들어갈 만큼 조직이 연하고 풍부한 맛을 지니고 있으며 촉감이 말랑말랑하다. 지방함량은 45～50%로 크래커나 과일과 함께 뷔페나 디저트로 차려 낸다.

• 브리 치즈(Brie cheese) : 프랑스 치즈로 13세기부터 만들어지기 시작했으며 파리 부근 Marne 계곡의 La Brie지역의 이름을 딴 것이다. 치즈의 몸체는 매끄럽고 윤이 나는데 순백의 껍질을 가지고 있으며 내부는 크림과 같은 하얀색을 가진 부드러운 치즈이다. 치즈 중앙에 백악질이 있으면 숙성이 덜 된 것이고 액체화 되어 있으면 너무 오래된 것이다. 치즈의 맛은 숙성기간에 달려 있는데 순한 맛부터 강한 맛까지 있다. Brie de Meaux와 Brie de Melum의 치즈는 각 지역의 엄격한 규칙에 따라 만들어지는 Brie 치즈에 붙여진 특허명이다. Brie de Meaux는 1815년 치즈 콘테스트에서 왕으로 뽑혔을 정도로 고급 치즈이다. 지방함량은 40～60%로 뷔페나 디저트 치즈로 사용된다.

• 클로미에 치즈(Coulommiers cheese) : 프랑스산 치즈로 Brie보다 크기가 작지만 두께가 더 두꺼운 치즈로서, 겉모양은 camembert에 가깝다. 겉모양을 제외하면 Brie와 매우 비슷하며 일반적으로 짧은 기간 동안 숙성시키기 때문에 Brie보다 맛이 순하다. 지방함량은 45～55%로 뷔페나 디저트 치즈로 사용한다.

• 쌩 마흐슬랭 치즈(Saint Marcellin cheese) : 프랑스산 치즈로, 원래는 염소젖으로 만들지만 현재는 소젖으로 만든다. 4~9월 사이에 만드는 것이 품질이 가장 좋다. 소형의 원반형이고 껍질에는 청회색 곰팡이가 슬어 있다. 지방함량은 50% 정도이다.

• 쌩 모흐 치즈(Saint Maure cheese) : 염소젖으로 만드는 프랑스산 치즈로, 매우 부드러우며 연한 치즈로 막대 모양이다. 지방함량은 45%로 샐러드, 뷔페용으로 사용한다.

④ 연질 치즈 (Soft cheese)

연질 치즈는 가장 부드러운 치즈를 말하며 수분함량은 45~50% 정도이다. 비숙성, 세균 숙성, 곰팡이 숙성으로 분류한다. 연질 치즈 중에서도 비숙성 치즈(fresh cheese)는 스푼으로 쉽게 떠서 먹거나 음식물에 발라서 먹을 수 있다. 연질 치즈는 맛이 순하여 조직이 매끄럽고 매우 부드럽기 때문에 보관할 때는 통풍이 너무 잘 되는 곳은 피하고 약간 습기가 차면서 건조한 곳에 특별히 주의하여 보관해야 한다.

⑤ 반경질 치즈 (Semi-hard cheese)

반경질 치즈는 세균 숙성 치즈와 곰팡이 숙성 치즈로 분류되며 수분함량은 40~45%로 대부분 응유를 익히지 않고 압착하여 만들어진다.

⑥ 세균 숙성 치즈

• 뽀흐 뒤 살뤼 치즈(Port du salut cheese) : 소젖으로 만드는 프랑스산 치즈로, 약하게 압착하여 만든다. 표면은 주황색이나 속은 노란 크림 모양으로 탄력성이 있고 맛은 부드럽다. 지방함량은 45~50%이다.

• 몬테리 잭 치즈(Monterey Jack cheese) : 미국산 치즈로, 1840년 캘리포니아 몬테리에서 스페인 선교사에 의해서 소젖으로 만들어진 치즈이다. 지방함량은 40% 정도이고 피자와 요리용으로 사용한다.

• 브릭 치즈(Brick cheese) : 미국산 치즈로, 1870년에 위스콘신주에서 스위스 치즈 기술자에 의해서 처음 소젖으로 만들어졌다. 이 치즈의 이름은 치즈가 벽돌 모양으로 만들어진 것에 연유한다. 지방함량은 50% 정도이고 샌드위치나 피자 등에 사용된다.

• 모짜렐라 치즈(Mozzarella cheese) : 이태리산 치즈로, 원래는 남부 이태리 지역의 물소젖으로 만들어진 치즈이나 현재는 소젖으로 만들어진다. 부드럽고 유연한 응유로 익히지 않은 연한 치즈이며 신선할 때 먹으면 그때까지도 유청이 흐르기도 한다. 지방함량은 45% 정도이며 피자파이나 요리용으로 많이 사용한다.

• 페타 치즈(Fetta cheese) : 그리스산 치즈로, 양유로 만들어진다. 껍질이 없는 흰색 치즈는 소금물 속에서 숙성시킨다. 맛은 자극성이 있고 간이 배어 있어 강하다. 지방함량은 20~50%이며 샐러드용으로 많이 사용한다.

• 벨 파아제 치즈(Bel-paese cheese) : 이태리산 치즈로, 1906년 롬바디에서 에지디오 갈비니에 의해 처음 만들어진 치즈로, 속은 결이 고운 크림 형태로 맛이 부드럽다. 지방함량은 45~50%로 뷔페나 요리용으로 쓰인다.

• 림브르거 치즈(Limburger cheese) : 벨기에의 리지에서 처음 만들어지고 림브르거에서 판매되었다. 매우 강한 향기와 맛을 특징으로 하는 림브르거는 현재 독일과 미국에서 생산된다. 껍질은 황갈색으로 샐러드나 샌드위치 뷔페(buffet)용으로 사용한다. 지방함량은 35% 정도이다.

• 크호뗑 드 샤비놀 치즈(Crottin de chavignol cheese) : 프랑스산 염소젖 치즈로, 숙성되면서 치즈가 단단해지고 갈색으로 바뀐다. 맛은 너무 자극적이며 짜다. 그러나 이 치즈는 자극적인 맛을 가지고 있을 때가 가장 신선하고 숙성이 잘 된 때이다. 지방함량은 45%로 크래커나 과일과 함께 뷔페용으로 사용된다.

⑦ 곰팡이 숙성 치즈

• 로크포르 치즈(Roquefort cheese) : 프랑스산 치즈로, 세계에서 가장 오래된 치즈 중의 하나이며 2000년 전부터 있었다고 전해진다. 프랑스 아비뇽 지역의 석회암 동굴 꼭대기에 위치한 로크포르 마을에서 만들어졌으며 통풍이 잘 되며 습기 차고 서늘한 환경을 갖춘 동굴 안의 알맞은 상태가 특이한 맛과 부드럽고 말랑말랑한 촉감을 만들게 된다. 양의 젖으로 만들어지며 지방함량은 50%로서 샐러드나 샐러드 드레싱, 디저트로 주로 사용된다.

• 고르곤졸라 치즈(Gorgonzola cheese) : 이태리산 치즈로, 밀라노 근처에 위치한 '고르곤졸라' 라는 마을에서 처음 만들어졌다. 치즈의 표면은 원래 벽돌가루, 라드, 색소를 혼합하여 치즈 표면에 바름으로써 붉은색 덮개로 보호되어 있다. 그러나 현재 이 방법은 사용되지 않으며 그 대신 치즈를 주석 박판으로 보호한다. 숙성이 지나치면 강한 향기가 나며 속은 부드럽고 크림 형태이다. 소젖으로 만들며 지방함량은 50%로 샐러드, 샐러드 드레싱, 디저트와 뷔페 치즈로 사용된다.

• 스틸톤 치즈(Stilton cheese) : 영국산 치즈로, 18세기 중엽 스틸톤이라는 마을에서 처음으로 만들어졌다. 로크포드나 고르곤졸라보다 더 부드럽기는 하지만 약간 강한 맛을 가지고 있으며 영양분이 많고 냄새가 좋다. 소젖으로 만들며 지방함량은 48% 정도로 디저트와 뷔페 치즈로 많이 이용된다.

• 블레 드 브헤스 치즈(Bleu de Bresse cheese) : 프랑스에서 1950년대부터 만들어졌으며 가느다란 원통형으로 만들어지고 만든지 얼마 안 되었을 때는 매우 단단한 생크림 농도를 지니고 있으며 푸른색과 순한 맛을 얻기 위해서는 알맞게 숙성시켜야 하는데 만일 맛이 강하고 짠맛이 날 때는 지나치게 숙성된 것이다. 소젖으로 만들며 지방함량은 50%로 디저트와 뷔페 치즈로 사용한다.

• 쌩 넥테흐 치즈(Saint Nectaire cheese) : 프랑스 치즈로, 습기 있는 지하실에서 오랫동안 숙성시킨 치즈로 껍질이 붉고 노랗고 하얀 곰팡이 생성물의 색을 띠며 Auvergne 지역에서 만들어진 치즈이다. 치즈의 내부는 연노란색이며 순하고 절묘한 맛이 난다. 소젖으로 만들며 지방함량은 45%로 디저트와 뷔페 치즈로 많이 사용한다.

⑧ 경질 치즈 (Hard cheese)

경질 치즈는 수분함량이 30～40%로 일반적으로 제조과정에서 응유를 끓여 익힌 다음에 세균을 첨가하여 3개월 이상 숙성으로 만들어진다. 큰 바퀴 형태로 숙성시키면 단단해지므로 운반과 저장이 용이하다.

• 에멘탈 치즈(Emmental cheese) : 스위스를 대표하는 치즈로 에멘탈 계곡 주변 알파인 목초지에서 풀을 뜯어먹는 소들로부터 얻는 우유로 만들어진다. 에멘의 골짜기라는 의미를 가진 이 치즈는 체리 크기의 구멍들이 덩어리 속에 고르게 퍼져 있는데 구멍 속의 액체는 치즈가 잘 숙성되었다는 표시이다.

건조한 천연의 껍질은 희미한 광채를 띤 황갈색의 껍질이다. 비록 맛은 순할지라도 매우 미묘하고 종종 견과의 맛이 나는 것으로 묘사된다. 소젖으로 만들며 지방함량은 45%로 치즈 종류, 샌드위치, 샐러드, 뷔페치즈 등 다양하게 사용된다.

- 그뤼에 치즈(Gruyere cheese) : 스위스산 치즈로, 에멘탈 치즈와 비슷하다. 작은 구멍이 치즈 전체에 흩어져 있으며 보다 긴 숙성기간 동안의 처리 때문에 향기가 더 강하고 감촉이 약간 더 부드러운 노란 호박색을 띠고 있다. 이 치즈 이름은 프랑스와의 국경에 위치한 스위스 서부 그뤼에라는 마을 이름을 따서 명명하였다. 소젖으로 만들며 지방함량은 45%이고 요리용으로 사용되는 훌륭한 치즈이다.
- 아펜젤 치즈(Appenzell cheese) : 스위스산 치즈로, 8～9세기경에 오스트리아 국경 근처에 있는 상가엔 지방의 산 이름을 따서 만들어진 치즈이다. 사과주나 백포도주에 담그었다가 숙성 중에 허브나 향신료로 풍미를 낸다. 소젖으로 만들며 지방함량은 50%로 샌드위치, 요리용, 뷔페 치즈로 사용한다.
- 체다 치즈(Cheddar cheese) : 영국산 치즈로, 16세기경 체다라는 마을에서 처음 만들어졌다. 현재는 세계 각국에서 생산되고 있으며 특히 미국에서 많이 생산된다. 우리 나라에서 많이 시판되고 있는 슬라이스 아메리카 치즈 역시 체다 치즈를 가공해서 만든 것이다. 맛은 순하고 부드러운 편이며 숙성 진행됨에 따라 색깔과 맛이 진해진다. 소젖으로 만들며 지방함량은 48%로 샌드위치, 샐러드, 피자 등 요리용으로 많이 사용된다.
- 체셔 치즈(Cheshire cheese) : 영국산 치즈로, 영국에 기원을 두고 있는 많은 고급 치즈 중에 가장 오래된 것이다. 체셔 치즈는 체셔 지역의 염분함유량이 풍부한 토양 위의 목초를 먹고 자란 암소의 젖으로 만들기 때문에 다른 곳에서는 모방할 수가 없다. 천연적인 흰색과 아나토 색소를 첨가한 붉은색, 그리고 파란색 세 가지가 있다. 흰색과 붉은색은 약간 짠맛이 나고 조직이 부슬부슬하다. 파란색은 감칠맛이 나고 장시간 숙성시킨 것에는 푸른곰팡이의 줄무늬가 있다. 지방함량은 48%로 샌드위치, 피자, 샐러드, 뷔페 치즈 등 다양하게 사용된다.
- 에담 치즈(Edam cheese) : 네덜란드산 치즈로, 대부분의 치즈 이름이 그렇듯이 에담 치즈 역시 처음 만들어진 지역명을 따서 붙인 이름이다. 네덜란드에서의 수출용 치즈는 외부를 붉은색으로 제조하는데 붉은색 코팅이 이 치즈의 특징이라고 할 수 있다. 맛은 부드럽고 약간 짠맛이 느껴지며 숙성이 진행되면 맛이 강해진다. 소젖으로 만들며 지방함량은 40%로 샌드위치나 피자 등 요리용으로 사용된다.
- 고다 치즈(Gouda cheese) : 13세기경 네덜란드 고다 지역에서 처음 만들어진 것으로 익히지 않고 압착시킨다. 납작한 공 모양으로 만들어지며 숙성이 진행되지 않는 동안은 부드럽지만 숙성이 진행되면 독특하고 강한 맛이 난다.

여러 가지 향신료, 규민, 딜, 겨자씨, 마늘, 통후추 등을 첨가해서 만들기도 한다. 지방함량은 48%로 디저트나 뷔페 치즈로 사용한다.

- **프로볼로네 치즈**(Provolone cheese) : 이태리 남부 캄파니 지방의 특산 치즈로, 부드러운 조직과 밝은색을 가지고 있으며 부서지지 않게 자를 수 있다. 훈제로 제조되기도 하며 모양은 다양하지만 전형적인 것은 소시지 형태이다. 지방함량은 44%로 요리용으로 사용되며 특히 피자파이에 많이 사용된다.
- **틸지트 치즈**(Tilsit cheese) : 19세기 중엽 독일 틸지트 지역에서 처음 만들어졌으며, 현재는 스위스나 스칸디나비아 등에서도 생산된다. 원반형으로 만들어지며 부드럽고 탄력성이 있다. 모양은 불규칙하고 작은 구멍이 있기도 하며 캘러웨이 씨를 넣어 만들기도 한다. 맛은 가벼운 신맛이 난다. 지방함량은 30～50%이며 샌드위치, 뷔페 치즈로 사용된다.
- **락클레트 치즈**(Raclette cheese) : 스위스산 치즈로 속은 연한 노란색으로 매우 부드럽고 작은 구멍이 조금 있다. 껍질은 딱딱하며 회갈색이다. 원반형의 치즈를 반으로 잘라 열을 가해 녹으면 긁어서 감자나 양파, 피클 등과 먹는다. 지방함량은 45～50%이다.
- **떼뜨 드 모엔 치즈**(Tête de Moine cheese) : 스위스산 치즈로, 어느 수도승에 의해 처음 만들어졌으며 전통적으로 여름에 생산된 우유로만 만들어지고 판매는 가을에 첫 낙엽이 질 때부터 이듬해 3월까지 판매한다. 익히지 않고 압착시켜 만든다. 특별히 제작된 기구를 이용해 곱슬곱슬하게 꽃 모양으로 깎아서 큐먼 파우더나 후추를 뿌려 먹기도 하는데 견과류나 과일이 잘 어울린다.
- **웬즐리들 치즈**(Wensleydle cheese) : 영국산 치즈로, 요크주 웬즐리들에서 처음 만들어졌으며 압착하여 만든다. 흰색과 푸른색이 있는데 흰색은 부슬부슬하여 잘 부서지고 애플파이용으로 많이 쓰이며 푸른색은 크림 모양으로 감칠맛이 나며 맥주와도 잘 어울린다. 지방함량은 48%이다.
- **깡딸 치즈**(Cantal cheese) : 프랑스 오뵈르니 지방산으로 로마시대부터 생산된 오래된 치즈이다. 위가 약한 사람에게 좋아서 널리 애용되고 있다. 지방함량은 45%로 샌드위치, 디저트, 뷔페 치즈로 애용된다.

⑨ 초경질 치즈 (Very hard cheese)

초경질 치즈는 수분함량이 25～30%인 매우 단단한 치즈로서 이태리의 대표적인 치즈인 Parmesan과 Romano가 여기에 해당한다. 이것은 주로 분말 형태로 만들어서 샐러드나 피자나 스파게티 등 요리의 마무리 과정에 사용한다.

- **파르메산 치즈**(Parmesan cheese) : 이태리산 치즈로, 정식 이름은 Parmigano Reggiano이며 애칭은 grana로, Parmesan은 수출명이다. 숙성에 따라 3～4년이 걸리며 오래될수록 양질이다. 숙성도에 따라 얇게 자를 수도 있고 분말 치즈로 만들 수도 있다. 냄새는 독특한 풍미가 있으며 자극적인 맛은 없다. 이태리 치즈 중에서 가장 유명한 치즈로 알려져 있고 메밀리아 파르메가 원산지이다. 순수한 우유로 제조되는 초경질 치즈인데 외피는 갈색으로 그 위에 이 치즈의 명칭이 찍혀 있다. 강판으로 갈아서 분말로 만들어 사용하는데, 표면의 결이 가늘며 농후한 맛이 특징이다. 지방함량은 32%로 샐러드, 양파 수프, 피자파이 등 요리에 사용되며 요리의 마무리에 뿌려 먹는다.
- **페코리노 로마노 치즈**(Pecorino Romano cheese) : 로마시대부터 이태리 중부 라치오 지방에서 양젖으로 제조되는 초경질 치즈이다. 표면은 평평하고 매끄럽고 외피의 색은 진갈색 또는 백색이다. 강한 매운맛이 특징이며 식탁용 분말 치즈로 많이 사용된다. 현재는 로마 근교의 사비니가 주산지이며 분말로 되기 쉬운 성질과 모양 때문에 로마인들이 애호하던 치즈이다.
- **그라나파다노 치즈**(Grana Padano cheese) : 이태리 에미리아 고마나 지방에서 우유로 만들어지는 초경질 치즈로, 숙성기간은 매우 길다. 외피는 암색으로 아주 좋은 냄새가 나고 섬세한 맛을 가지고 있으며 분말로 만들어서 식탁용 치즈로 사용한다.

01 리코타 치즈
(Ricotta Cheese)

산출량 240mL

재 료

1ts	구연산
50mL	물
4L	우유
2ts	소금

만드는 방법

1. 물에다 구연산을 넣어 풀어서 녹인다.
2. 우유를 냄비에 담고, 소금과 구연산을 넣어 열을 가하여 85℃가 되도록 한다. 85℃가 될 때까지 계속 저어 주어 바닥이 눌러붙지 않게 하고 중간중간에 떠오르는 거품은 제거한다.
3. 85℃가 되면 불을 끄고 그대로 10분 정도 둔다.
4. 소창을 준비하여 커드를 걸러 낸 다음에 물기가 빠지도록 바닥에 볼을 두고 그 위에 걸어 둔다. 냉장고에서 최소 1시간에서 최대 3시간 정도 물기를 뺀 후에는 치즈를 다른 그릇에 담아서 보관한다.
5. 냉장고에서 1주일 정도 보관이 가능하며 필요할 때마다 사용한다.

Cook's Tip

· 리코타 치즈는 우유 또는 생크림으로 만들 수 있다.

02 레몬 치즈 (Lemon Cheese)

산출량 1.5kg

재 료

3L	우유
1L	생크림
300mL	레몬주스(걸러내서 식힌 것)
2ts	소금
1ts	레몬 제스트

만드는 방법

1. 우유와 크림을 볼에 담고 중탕에서 37℃로 데운다. 절대 더 높은 온도를 가하지 않는다.
2. 불에서 내린 다음 레몬주스를 넣고 아주 천천히 젓는데, 우유가 덩어리 질 때까지 또는 끈끈해질 때까지 젓는다.
3. 다시 상온에서 약 3~4시간을 그대로 둔다.
4. 소창을 준비하여 볼에 깔고 식힌 우유를 넣은 후에 소창을 묶어서 매달아 8~12시간 둔다. 아래에는 물받이 볼을 두어 물이 떨어지도록 한다.
5. 치즈를 볼에 옮긴 다음, 소금과 레몬 제스트를 넣고 나무주걱으로 잘 섞는데, 절대 한꺼번에 많이 작업하지 않고 조심스럽게 섞는다.
6. 치즈를 물이 빠지는 일정한 몰드에 소창을 깔고 다시 넣어서 감싼 다음, 무거운 것을 올려 냉장고에 둔다.
7. 냉장고에서 약 4일 정도 두면서 사용할 수 있다.

03 생우유 치즈
(Queso Blanco)

산출량 2kg

재 료

4L	우유
50mL	식초
1Ts	굵은 소금

만드는 방법

1. 우유를 85℃로 열을 가한다. 바닥에 눌러붙지 않도록 잘 저어 준다.
2. 식초와 소금을 넣고 조금 더 저어 준 후, 덩어리가 지면 불에서 내린다.
3. 소창을 준비하고 커드를 걸러 낸 후, 냉장고에서 1~3시간 가량 둔다. 밑에는 볼을 놓아서 빠지는 물을 받아내도록 한다.
4. 치즈가 완성되면 옮긴 후에 냉장보관하면서 사용한다. 1주일 정도 사용이 가능하다.

04 허브요거트 치즈
(Herb Yogurt Cheese)

산출량 1L

재 료

2L	플레인 요거트
3ts	소금
2ts	으깬 통후추
1Ts	다진 오레가노
2ts	다진 타임
1Ts	다진 고추
2잎	월계수 잎
400mL	엑스트라 버진 올리브 오일

만드는 방법

1. 볼에 요구르트를 담고 후추와 소금을 섞은 다음, 소창에 담아 묶은 후, 걸어서 냉장고에 3일 정도 두어 물기를 뺀다.
2. 팬에 기름종이를 깔고 완성된 치즈를 약 50g 정도로 나누어 가지런히 올린다. 냉장고에서 하룻밤 정도 다시 물이 빠지게 둬서 건조해지도록 한다.
3. 볼에 나머지 재료를 담고 잘 섞은 후에 치즈를 넣어 마리네이드시킨다. 이렇게 만들어진 치즈는 24시간 후부터 서빙이 가능하고 약 4주까지 냉장고에서 보관이 가능하다.

05 모짜렐라 치즈 (Mozzarella Cheese)

산출량 1kg

재 료

180g	소금
4L	물
1kg	치즈 커드(1.5cm 크기 네모썬 것)

만드는 방법

1. 이중탕을 준비하고 소금물을 만들어 85℃까지 열을 가한 다음에 불에서 내린다.
2. 뜨거운 소금물에 치즈 커드를 넣고 치즈 커드가 완전히 물에 잠기도록 한다.
3. 나무주걱으로 치즈를 들어 올려서 치즈가 부드러워지게 한다. 이러한 동작을 치즈가 완전히 풀어질 때까지 계속하며 물의 온도는 70℃ 정도를 유지한다.
4. 치즈를 물에서 꺼낸 후에 계속하여 저어 주며 부드럽게 유지한다.
5. 이렇게 만들어진 치즈를 떼어서 얼음물에서 둥글게 빚어 모양을 낸 후, 랩으로 싸서 냉장고에 보관한다. 이렇게 만들어진 치즈는 10일 정도 냉장고에서 보관이 가능하다.

06 리코타 치즈를 곁들인 채소 전채
(Vegetable starter with ricotta Cheese)

산출량 5plates

재 료

2개	붉은 레디쉬
1개	순무
1개	비트
1개	오이
50g	당근
50g	컬리플라워
각 15잎	허브(걸러내서 식힌 것처빌, 딜, 아루굴라 등)
200g	리코타 치즈
150ml	비네그렛 드레싱
맛을 낼 정도	소금, 통후추 으깬 것

만드는 방법

1. 모든 채소는 깨끗하게 씻어서 원하는 크기로 잘라 1%정도의 소금물에 2분정도 담가 두었다 건져내어 젖은 타월에 담아 냉장보관한다.
2. 리코타 치즈에 소금과 후추로 간을 하여 자연스럽게 덩어리와 소금 후추가 잘 섞이도록 한다.
3. 차가운 접시를 준비하고 접시 중앙에 리코타 치즈를 30g 정도 올리고 일정한 두께로 만든 다음 썰어 두었던 채소를 보기좋게 올린다.
4. 비네그렛을 뿌리고 마지막으로 소금과 으깬 통후추를 뿌려 제공한다.

Cook's Tip

· 채소의 종류와 허브, 잎채소를 적절하게 섞어서 사용하면 다양한 방법으로 만들어 낼 수 있다.

3주 4일차 스케줄

목표 : 1. 실제 100인 뷔페 실습을 통해 가드망저의 전반적인 실습을 총정리한다.

<table>
<tr><td>실습 내역
(Contents)</td><td>1. 실습 총정리
2. 100인분 Cold Buffet 만들기
3. 조별 역할분담
4. 정리정돈 및 문제점 토의</td></tr>
</table>

<table>
<tr><td rowspan="10">실습도구 목록
(Utensil List)</td><th>번호</th><th>품 목</th><th>수량</th><th>번호</th><th>품 목</th><th>수량</th></tr>
<tr><td>1</td><td>칼</td><td></td><td></td><td></td><td></td></tr>
<tr><td>2</td><td>도마</td><td></td><td></td><td></td><td></td></tr>
<tr><td>3</td><td>접시</td><td></td><td></td><td></td><td></td></tr>
<tr><td>4</td><td>이중탕</td><td></td><td></td><td></td><td></td></tr>
<tr><td>5</td><td>조리용 젓가락</td><td></td><td></td><td></td><td></td></tr>
<tr><td>6</td><td>팬</td><td></td><td></td><td></td><td></td></tr>
<tr><td>7</td><td>사각 팬</td><td></td><td></td><td></td><td></td></tr>
<tr><td>8</td><td>유니 랩</td><td></td><td></td><td></td><td></td></tr>
<tr><td>9</td><td>쿠킹 포일</td><td></td><td></td><td></td><td></td></tr>
</table>

<table>
<tr><td rowspan="11">진행시간 배분</td><td colspan="4">총 실습시간(Total Lab Time) 4 시간</td></tr>
<tr><th>시간 배분</th><th>강의내용
(Lecture contents)</th><th>강의순서
(Lecture Outlines)</th><th>비고
(Remarks)</th></tr>
<tr><td>30</td><td>팀 구성 및 준비</td><td>3인1조 팀 구성 및 역할 제시
1조 : 샐러드
2조 : 카나페와 샌드위치
3조 : 생선 플레이트
4조 : 갤런틴
5조 : 파테와 테린
6조 : 치즈 플레이트
7조 : 테이블 세팅 및 서빙
8조 : 설거지 및 보조</td><td></td></tr>
<tr><td rowspan="5">120</td><td>Plating</td><td>준비</td><td></td></tr>
<tr><td>Trimming</td><td>만들기</td><td></td></tr>
<tr><td>Cooking Activity</td><td>완성하기</td><td></td></tr>
<tr><td>Garnishment</td><td>담기</td><td></td></tr>
<tr><td>Setting</td><td>세팅</td><td></td></tr>
<tr><td>30</td><td>Tasting</td><td>시식 또는 서빙</td><td></td></tr>
<tr><td>60</td><td>Clean-up and Inventory</td><td>정리정돈 및 시험 준비 및 재료 확인</td><td></td></tr>
</table>

Chapter 1 수업점검사항

① 뷔페 layout에 대해 어떻게 하는지 알고 있어야 한다.
② 뷔페 테이블 세팅 방법을 이해하고 실행할 수 있어야 한다.
③ 뷔페 테이블의 각 부분별 특징을 알고 있어야 한다.
④ 뷔페 테이블에서 고객의 동선과 고객들의 행동에 대해 예측할 수 있어야 한다.
⑤ 스스로 뷔페를 경험하고 행사의 특성에 따라 뷔페를 디자인할 수 있는 시안을 가져야 한다.

주요단어

뷔페 테이블 세팅(Buffet Table Layout)
셀프서비스(Self Service)
칵테일 뷔페(Cocktail Buffet)
테이블 장식(Buffet Table Decoration)
뷔페 스테이션(Buffet station)
스텐딩 뷔페(Standing Buffet)
즉석 뷔페(Action Buffet)

강의 주제

뷔페 테이블 세팅(Buffet Table Layout)
뷔페 스테이션(Buffet station)별 음식의 특징

Chapter 2 서비스 제공에 따른 뷔페 종류

대부분의 뷔페는 셀프서비스를 기본으로 하고 있지만 이러한 서비스에 싫증을 느끼는 고객들이 증가하면서 뷔페가 곧 셀프서비스라는 개념이 바뀌고 있다. 즉, 다양한 방법의 서비스가 제공되는 뷔페가 많아지고 있으며, 고객들의 요구도 다양해지고 있다. 따라서 이러한 고객들의 요구를 파악하여 새로운 스타일의 뷔페를 개발하는 것 역시 젊은 셰프(chef)들의 책임이기도 하다.

최근 뷔페서비스 방법을 살펴보면 ① 전통적인 방법의 셀프서비스 뷔페(Self Service Buffet), ② 일부 서비스를 제공하는 서비스 뷔페(Attended or Serviced Buffet), 그리고 ③ 특별한 스테이션을 운영하여 제공하는 액션 뷔페(Action Buffet)로 구분할 수 있다.

1. 셀프서비스 뷔페

전통적인 뷔페 형식의 셀프서비스 뷔페는 일정한 크기의 뷔페 테이블을 설치하고 고객들이 쉽게 접근할 수 있도록 음식을 차린다. 고객들은 접시를 들고 음식과 함께 마련된 기구를 이용하여 자신의 선택에 따라 음식을 취하게 된다. 셀프서비스 뷔페에서 고객들이 음식을 선택할 때 혼란을 겪지 않도록 음식의 순서를 정해야 하는 것은 물론이고 고객들이 음식을 담을 때에 편리하도록 적당한 크기의 음식으로 미리 작업이 되어 있어야 한다. 또한 놓여진 음식 앞에 간략한 이름이나 정보를 제공하여 음식을 먹는 데 불편함이 없도록 하여야 한다.

셀프서비스의 가장 큰 장점으로는 고객들이 필요한 음식만을 선택하여 불필요한 서비스를 줄이고, 고객은 스스로 기호도 높은 음식을 선택하게 하여 만족도를 높이는 데 있다. 한편, 가족이나 친분이 두터운 고객들 간에 격식 없이 시간을 함께 보낼 수 있는 장점이 있다. 또한 제한된 시간에 대규모 고객에게 음식을 제공함으로써 결혼식이나 각종 매머드급 행사에 매우 유용한 음식제공방법이다. 따라서 경영관리 면에서는 인건비를 최소화할 수 있다.

셀프서비스의 단점으로서는 앞선 고객들이 선호도 높은 음식을 예상보다 많이 취하여 따르는 고객에게 음식이 남아 있지 않는 경우와 음식이 남아 있더라도 음식의 원형이 훼손된다는 것이다. 따라서 관리자는 최소한의 조리사를 배치하여 필요한 경우에는 음식을 배분하고, 선호도가 높은 음식의 경우에는 예비 음식을 준비하며, 모니터링을 통해 음식이 소진되기 전에 보충하여 고객들의 불만이 나오지 않도록 해야 한다.

또 다른 단점으로는 고객들이 정체되는 현상이다. 고객들은 선호하지 않은 음식은 선택하지 않고 다른 음식으로 옮겨야 하지만, 모든 음식을 선택하려는 경향과 선택을 고민하거나 음식을 담는 데 시간이 걸려서 뒤에 따르는 사람들이 정체 된다는 점이 있다. 특히 자주 접하지 못한 음식, 또는 낯선 음식에 대해서는 선택에 대한 고민이 길어지게 된다. 이런 경우 종사원들의 교육을 통해 정체가 되는 부분의 문제점을 파악하고 신속히 해결하도록 한다.

2. 서비스 뷔페 (Attended or Serviced Buffet)

서비스 뷔페의 경우에는 음식의 그룹을 정하고 각 음식이 제공되는 장소마다 종사원을 배치하여 고객에게 음식의 적정량을 제공하도록 하는 것이다. 이때 종사원은 반드시 조리사일 필요는 없지만 음식을 제공하는 방법과 음식을 다루는 방법에 대해서는 숙지를 하고 고객에게 서비스를 제공해야 한다.

서비스 뷔페의 단점으로는 단연 인건비가 많이 든다는 것이다. 그 반면에 장점은 단연 종사원에 의해 음식이 제공되므로 음식의 양을 조절할 수 있다는 것이다. 아울러 고객들의 기다림이나 음식의 질, 그리고 음식에 대한 설명까지도 해결할 수 있다.

3. 액션 뷔페 (Action Buffet)

액션 뷔페는 고객의 적극적인 주문에 부응하여 취향에 따라 만들어지는 뷔페 형식을 말한다. 최근 뷔페의 복잡함을 피하고 자신만의 독특한 음식성향을 즐기려는 경향에 따라 액션 뷔페의 종류도 다양화되고 있다.

액션 뷔페의 가장 큰 장점은 조리사와 고객 사이에 벽이 없이 대화를 하면서 음식의 주문이 이루어진다는 것이다. 가령 초밥을 먹으려고 할 때, 고객은 즉석에서 자신이 원하는 종류의 생선을 요구하고 조리사는 고객이 요구한 생선에 대해서 자세한 설명과 함께 초밥을 만들어 제공하는 것이다. 그 외에 스테이크에서 국수에 이르기까지 액션 뷔페는 다양하다. 액션 뷔페의 종사자는 고객과 가까운 거리에서 음식을 제공하므로 매우 전문가다운 외모를 비롯하여 지식과 대화의 기법을 갖추어야 한다. 액션 뷔페에서는 음식의 종류에 따라 반드시 조리사가 해야 하는 경우와 그렇지 않은 경우가 있다.

Chapter 3 뷔페 작업의 5단계

성공적인 뷔페 음식을 만들기 위해서는 다음 5단계 작업을 고려하여야 한다.

1단계 : 계획

2단계 : 음식준비

3단계 : 세팅

4단계 : 서비스 실행

5단계 : 마무리

1. 1단계 : 계획

뷔페 작업에서 가장 중요한 작업 중 하나로 계획은 반드시 시나리오에 따라 구체적으로 세워져야 한다. 여기서 구체적인 계획을 하기 위해서는 뷔페 행사의 주제가 반드시 정해져야 하고, 이에 따라 메뉴 디자인, 조리방법, 그리고 가시적인 뷔페 테이블이 그려져야 한다. 아울러 ① **날짜**, ② **시작과 종료시간**, ③ **행사 목적**, ④ **착석형태**, ⑤ **고객수**, ⑥ **객단가**, ⑦ **봉사료**, ⑧ **특별요구사항** 등이 포함되어야 한다. 이러한 사항에 따라서 뷔페 테이블이 디자인되게 되는데, 테이블 디자인은 기본적으로 아래와 같으나 셰프의 아이디어에 따라 매우 다양한 형태로 구성될 수 있다.

(1) 라인이 하나인 뷔페 테이블

(2) 두 개의 라인인 뷔페 테이블

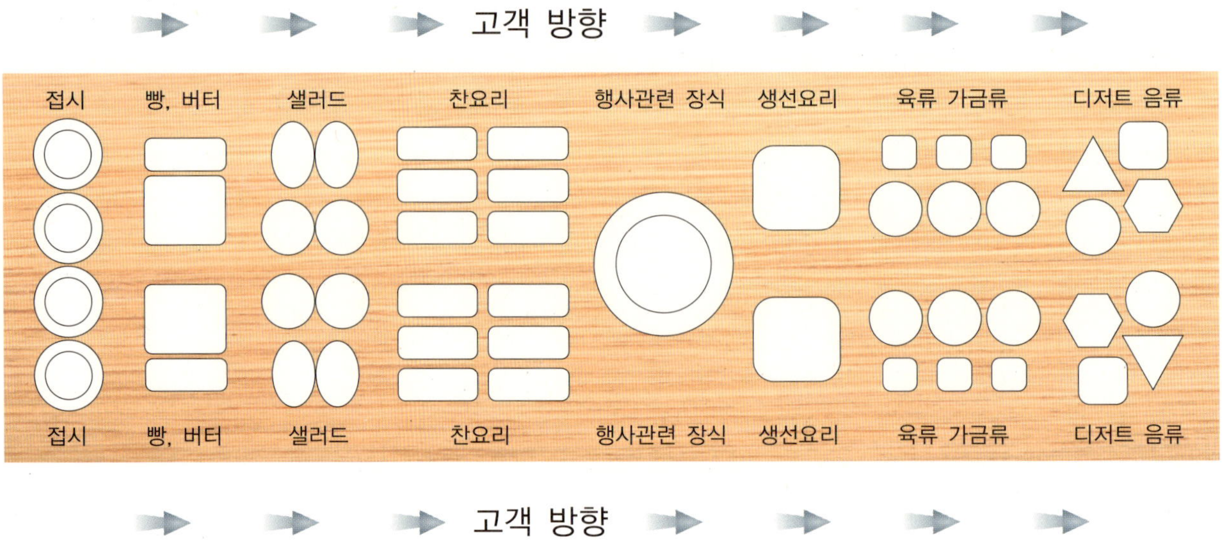

(3) U자 형태로 두 개의 라인 뷔페 형태

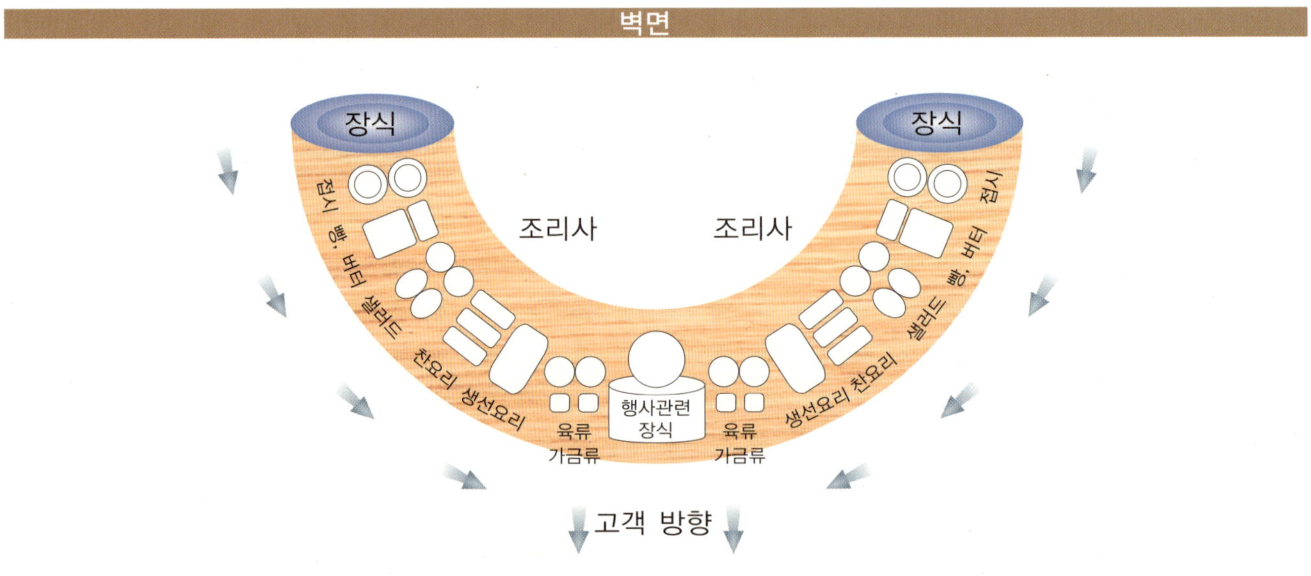

(4) S자 형태 라인 뷔페 테이블

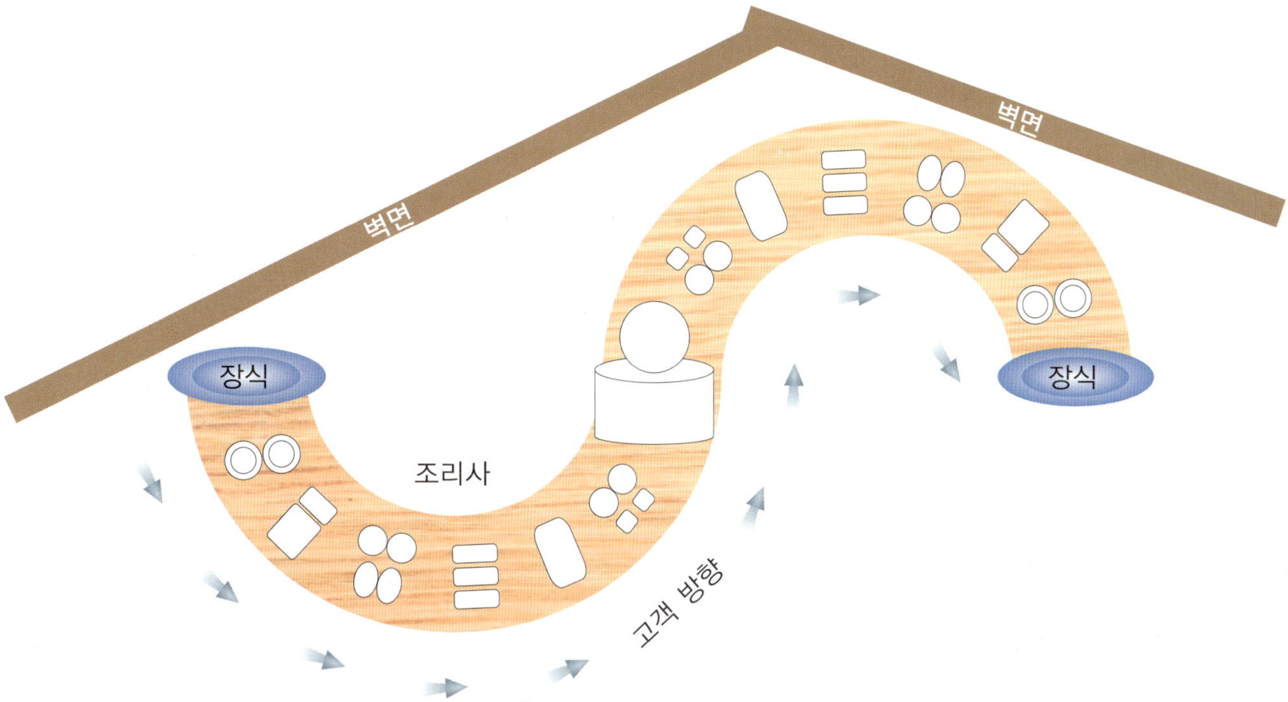

2. 2단계 : 음식준비

앞서 3주차에서 뷔페 담기를 언급하였던 것같이 뷔페 음식은 일반 레스토랑에서 제공되는 방식과는 많은 차이가 있다. 첫째, 음식의 종류와 질을 선정하여야 하겠지만, 고객들이 만족하는 절대량은 반드시 지켜야 한다. 가령 객단가가 낮아도 음식의 수량과 부피가 많을 수 있고, 반면 객단가가 상당히 높지만 음식의 수량과 부피가 적을 수 있다. 다만, 고객들이 포만감을 느낄 수 있는 정도의 양은 반드시 되어야 한다. 둘째, 많은 사람들에게 한꺼번에 서비스를 하기 위해서는 음식의 준비와 함께 담는 방법에서도 전문가적 기술이 필요하다.

아울러 고객의 수에 따라 얼마만큼의 음식을 준비할 것인가 하는 것은 매우 어려운 과제 중 하나이다. 뷔페 음식의 양 결정법을 통해 계산을 하지만 일반적으로 100명의 고객을 갤런틴(galantine)하였다면 15~20%의 음식을 더 준비하도록 한다.

즉, 115~120명의 음식을 준비한다. 그러나 그 수가 많아지면 500명의 고객을 갤런틴할 경우는 10% 내외로 하여야 한다. 고객의 수에 따라 음식의 수를 어떻게 해야 100% 또는 120%가 되는가에 대해서는 음식의 종류에 따라 다르겠지만, 작은 조각의 경우에는 1인 3~5쪽을 기준으로 하고 조각이 클 경우에는 1~2쪽으로 계산하는 것이 일반적이다.

3. 3단계 : 세팅

뷔페 음식을 세팅할 때에는 고객의 수와 객단가에 많은 영향을 받는다. 하지만 기본적으로는 위에서 제시한 Layout 형태를 선택하여 테이블보와 스커트를 이용하여 테이블을 만든 후 중앙에 행사를 대표하는 장식을 하여 중심을 잡은 다음, 전통적으로 제공되는 테이블 서비스 순서에 입각하여 음식을 배열하게 된다. 이때 고객이 직접 음식을 선택하게 되므로 고객이 편리하게 음식을 담을 수 있도록 배열하며, 고객이 음식을 옮길 때 사용되는 기구를 배치해야 한다. 아울러 음식 배열의 단조로움을 없애기 위해 음식의 높낮이에 변화를 주고, 음식들 사이 간격에 식욕을 자극할 수 있는 장식을 할 수 있다.

4. 4단계 : 서비스 실행

서비스 계획은 매우 치밀하고 단계적으로 세워 두어야 한다. 뷔페 행사에서 모든 고객이 한꺼번에 도착하는 경우는 극히 드믈다. 따라서 약 1시간 전부터 일부 고객들이 도착하게 되는데, 이때에는 가벼운 음악이나 사전 공연 등을 하면서 칵테일과 함께 오드볼 또는 칵테일푸드를 제공할 수 있다. 물론 이 또한 사전 계획에서 고려된 서비스의 실행이다.

뷔페를 정식으로 시작할 때에는 고객들이 한꺼번에 몰리지 않도록 충분한 안내를 하여 여유를 가지고 뷔페 라인을 형성하도록 유도한다. 뷔페 음식이 제공되는 시간 동안에는 음식 보충과 함께 접시, 스푼, 나이프 등이 부족하지 않은지를 살펴보고 부족할 것으로 예상되면 사전에 보충하도록 한다. 그러나 뷔페 서비스가 마무리되어 가는 시간에는 지나치게 많은 음식이 남지 않도록 조절하는 지혜가 필요하다.

5. 5단계 : 마무리

마무리하는 단계에서는 남아 있는 음식의 처리와 뷔페 테이블을 철거하는 작업을 하게 된다. 이때 남은 음식은 재사용이 가능한 것과 그렇지 않은 것을 구분하여 품질이 저하되지 않도록 정리한다.

여기서 재사용이란 음식물 재활용 방법(By product)을 숙지하여 매뉴얼에 따라 처리하도록 한다. 아울러 서비스에 사용되었던 기물과 각종 소품들은 유지관리를 철저히 하여 분실되거나 손망실되지 않도록 한다.

3주 5일차 스케줄

목표 : 1. 창의성 있는 1인용 찬요리를 만들어 그동안 배운 가드망저 기술에 대한 평가를 실시한다.

실습 내역 (Contents)	1. 최종 평가 2. 1인 1작품 만들기 실기시험 3. 이론시험

실습도구 목록 (Utensil List)

번호	품 목	수량	번호	품 목	수량

진행시간 배분

총 실습시간(Total Lab Time) 4시간 30분

<table>
<tr><th>시간 배분</th><th>강의 내용
(Lecture contents)</th><th>강의순서
(Lecture Outlines)</th><th>비고
(Remarks)</th></tr>
<tr><td>30</td><td rowspan="4">실기 평가
(Test Activity)</td><td rowspan="4">1주 실기 중 주요한 내용을 실기 평가함</td><td rowspan="4">-재료준비
-2인분 제출</td></tr>
<tr><td>30</td></tr>
<tr><td>30</td></tr>
<tr><td>30</td></tr>
<tr><td>30</td><td rowspan="3">필기 평가
(Test Written)</td><td rowspan="3">1주 수업내용 중 주요한 부분을 필기 평가함</td><td rowspan="3">이론 중심</td></tr>
<tr><td>30</td></tr>
<tr><td>30</td></tr>
<tr><td>30</td><td rowspan="2">정리정돈 및 재고파악
(Clean-up and Inventory)</td><td rowspan="2">종합 청소와 기물 수량 재료 재고 파악</td><td></td></tr>
<tr><td>30</td><td></td></tr>
</table>

standard recipes for cuisine

Korea

English:

Recipe No:
Chef Name:
Potion Size:

번호	Ingredient	Size	**Unit**		
1					
2					
3					
4					
5					
6					
7					
8					
9					
10					
11					
12					
13					
14					
15					
16					
17					

만드는 법

1.
2.
3.
4.
5.
6.
7.
8.
9.
10.

List Market Order

No	Ingredients	Size	Quantity	Total	Remark

실습태도 및 실기 평가표

(Weekly Evaluation Check List)

번호	성명	위생 및 유니폼					재료준비 정도					기술향상 정도					동료애 및 협력 정도					출결					Total
		10~0					10~0					10~0					10~0					10~0					
		최상	상	중	하	최하	최상	상	중	하	최하	최상	상	중	하	최하	최상	상	중	하	최하	1회	2회	3회	–	–	50
		10	9	8	6	5	10	9	8	6	5	10	9	8	6	5	10	9	8	6	5	10	9	8	0	0	
1																											
2																											
3																											
4																											
5																											
6																											
7																											
8																											
9																											
10																											
11																											
12																											
13																											
14																											
15																											
16																											
17																											
18																											
19																											
20																											
21																											
22																											
23																											
24																											

부록

Garde Manger

01

미르뽀와
(Mirepoix)

재 료

240g	양파(껍질 벗겨서 다진 것)
120g	당근(껍질 벗겨서 다진 것)
120g	셀러리(껍질 벗겨서 다진 것)

만드는 방법

1. 음식 조리시간에 맞춰 야채를 적절한 크기로 잘라 사용한다.

02 스탠다드 부케 가르니
(Standard Bouquet Garni)

재 료

120g	셀러리 줄기(잎 제거)
4줄기	파슬리 줄기(후레시)
1줄기	다임 줄기(후레시)
1잎	월계수 잎
2줄기	대파

만드는 방법

1. 셀러리 줄기를 반으로 잘라서 그 사이에 대파, 파슬리, 다임, 월계수를 넣고 감싼다.
2. 실로 단단히 묶고, 스톡 팟 손잡이에 묶을 수 있도록 길게 늘어뜨려 준비한다.

03 스탠더드 사쉐
(Standard Sachet d'Epices)

재 료

3개 또는 4개	파슬리 줄기(후레시)
½ ts	타임 잎(후레시)
1개	월계수 잎
½ ts	통후추
1개	통마늘(선택사항)

만드는 방법

1. 4인치 정사각형의 소창에 모든 재료를 넣어서 단단히 묶고, 스톡팟 손잡이에 묶을 수 있도록 실을 길게 늘어뜨려 준비한다.

04 중국식 오향 파우더
(Chinese Five-Spice Powder)

재 료

4Ts	팔각
3Ts	정향
3Ts	사천고추
3Ts	회향 씨
3Ts	계피

만드는 방법

1. 사발을 이용하여 빻아 가루를 만들고 사용하지 않는 분말은 밀폐된 용기에 담아 서늘하고 건조한 곳에 보관한다. 몇 주 동안 보관 가능하다.

05 바비큐 스파이스 믹스 (Barbecue Spice Mix)

재 료

4Ts	헝가리 파프리카(매운 것)
2Ts	고춧가루
2Ts	소금
4ts	커민 가루
4ts	설탕
1Ts	다임(드라이)
2ts	머스터드(드라이)
2ts	오레가노(드라이)
2ts	흑후춧가루
2ts	카레 가루
1ts	카이엔 페퍼

만드는 방법

1. 모든 재료를 완벽히 섞어 준다. 밀폐된 용기에 넣고 서늘하고 건조한 곳에 보관한다.

06 루아뜨리 스파이스
(Luatre Epices)

재 료

8Ts	흑후추
3Ts	너트메그 가루
2Ts	계핏가루
2Ts	정향
2Ts	간 생강

만드는 방법

1. 사발을 이용하여 빻아 가루를 만들고 사용하지 않는 분말은 밀폐된 용기에 담아 서늘하고 건조한 곳에 보관한다.

07 케이준 스파이스 블렌드 (Cajun Spice Blend)

재 료

6Ts	헝가리 파프리카(매운 것)
1Ts	코셔 소금
2Ts	양파 가루
2Ts	마늘 가루
2Ts	카이엔 페퍼
1Ts	백후춧가루
1Ts	흑후춧가루
1Ts	다임(드라이)
1Ts	오레가노(드라이)

만드는 방법

1. 모든 재료를 완벽히 섞어 준다. 밀폐된 용기에 넣고 서늘하고 건조한 곳에 보관한다.

08 커리 파우더
(Curry Powder)

재 료

3Ts	커민 씨
2Ts	코리엔더 씨
2ts	머스터드홀
8개	말린 고추
2Ts	계피 가루
2Ts	터메릭 가루
2Ts	간 생강

만드는 방법

1. 모드 재료를 섞어서 350°F에서 5분간 익힌다. 약간 식은 다음에 고추는 씨를 제거해 버린다.
2. 사발을 이용하여 고르게 갈아 가루를 만들고, 사용하지 않는 분말은 밀폐된 용기에 담아서 서늘하고 건조한 곳에 보관한다.

09 핀제르브
(Fines Herbes)

재 료

15g	셔빌 잎
15g	차이브
15g	차이브 잎
15g	타라곤 잎

만드는 방법

1. 모든 허브를 깨끗이 씻어 물기 제거한 후 원하는 크기에 따라 다지거나 으깨어서 즉시 사용한다.

10 빠떼 스파이스
(Pate Spice)

재 료

50g	백후추
100g	코리앤더 씨
60g	다임(드라이)
60g	오레가노(드라이)
100g	정향
40g	너트메그
30g	월계수 잎
25g	메이스
30g	쎄페(말린표고)

만드는 방법

1. 모든 재료를 사발이나 블렌더를 이용하여 고르게 갈아 혼합하고 사용하지 않는 분말은 밀폐된 용기에 담아 서늘하고 건조한 곳에 보관한다.

11 핫 이탈리안 소시지 블렌드 (Hot Italian Sausage Blend)

재 료

3Ts	펜넬 씨
2Ts	코리앤더 가루
1Ts	설탕
2Ts	스페인 파프리카(스위트)
2Ts	헝가리 파프리카(필요한 경우)
1 ½ts	카이엔 페퍼
4Ts	고춧가루
1Ts	흑후춧가루(거칠게)

만드는 방법

1. 모든 재료를 혼합한다. 사용하지 않는 향신료는 밀폐된 용기에 담아 서늘하고 건조한 곳에 보관한다.

12 프로방스 허브
(Herbes de Provence)

재 료

5Ts	다임 (드라이)
5Ts	마조람 (드라이)
3Ts	사보리 (드라이)
1Ts	로즈마리 (드라이)
1ts	세이지 (드라이)
1ts	민트 (드라이)
1ts	펜넬 씨 (드라이)
1ts	라벤더 꽃 (드라이)

만드는 방법

1. 모든 재료를 혼합한다. 사용하지 않는 향신료는 밀폐된 용기에 담아 서늘하고 건조한 곳에 보관한다. 허브는 원하는 경우에 사발을 이용하여 으깨서 사용할 수 있다.

13 브라운 빌 스톡
(Brown Veal Stock)

재 료

8파운드	송아지 뼈
6쿼터	찬물
파운드	미르뽀와
6온즈	토마토 페이스트
1개	스탠더드 사쉐

만드는 방법

1. 뼈를 물에 깨끗이 씻고 물기를 빼준다. 450°F 오븐에 기름을 두른 로스팅 팬을 넣고 예열한다. 예열된 로스팅 팬에 뼈를 넣고 브라운 색을 내준다.
2. 스톡 포트에 뼈와 찬물을 넣고 약한 불로 스톡을 끓여 준다. 6시간 동안 끓이고 표면에 떠오르는 거품과 기름을 제거해 준다.
3. 미르뽀와와 토마토 페이스트를 갈색이 나게 볶아 준다. 표면에 떠오른 거품과 기름을 제거하고 마지막 한 시간 전에 넣어 준다. 다음 사쉐를 넣어 준다.
4. 한 시간을 더 끓여준 후, 스톡을 걸러 준다. 완전히 식혀서 냉장고에 보관한다.

14 치킨 스톡
(Chicken stock)

재 료

8파운드	닭 뼈(3인치 크기)
6쿼터	찬물
1파운드	미르뽀와
1개	스탠더드 사쉐

만드는 방법

1. 찬물에서 뼈를 씻고 뼈와 찬물을 스톡 포트에 넣는다.
2. 약한 불로 4~5시간 끓이면서 표면에 떠오르는 거품과 기름을 제거해 준다.
3. 마지막 한 시간 전에 미르뽀와와 사쉐를 넣어 준다. 스톡을 걸러 식히고 냉장고에 보관한다.

15 갑각류 스톡
(Shellfish Stock)

재 료

10파운드	갑각류 껍질(랍스터, 새우, 꽃게)
2온즈	식용유
1파운드	미르쁘와
3~4온즈	토마토 페이스트
5쿼터	찬물
1개	스탠더드 사쉐
1컵	화이트 와인

만드는 방법

1. 오일을 두른 팬에 빨간 색이 나게 껍질을 볶아 준다. 미르쁘와를 넣고 10~15분 더 볶아 준다. 토마토 페이스트를 넣고 색이 골고루 나게 볶아 준다.
2. 물을 넣고 와인을 넣고 간을 하고 30분을 끓여준 후, 걸러서 식히고 냉장고에 보관한다.

16 야채 스톡
(Vegetable Stock)

재 료

2온즈	식용유
4온즈	양파 슬라이스
4온즈	다진 대파
2온즈	다진 셀러리
2온즈	다진 청색 배추
2온즈	다진 당근
2온즈	다진 무
2온즈	다진 토마토
3개	으깬 통마늘
4 ½쿼터	찬물
1개	스탠더드 사쉐
1ts	펜넬 씨
3개	정향

만드는 방법

1. 포트에 오일을 두르고 야채와 마늘을 약 5분 정도 볶아 준다.
2. 찬물과 사쉐를 넣고 30~40분 끓여 준 후, 걸러 식혀서 냉장고에 보관한다.

17 쿠르부용 (Court Bouillon)

재 료

2 ½쿼터	찬물
2 ½쿼터	화이트 와인
2ts	소금(선택)
12온즈	당근 슬라이스
1파운드	양파 슬라이스
약간	다임 잎(드라이)
3개	월계수 잎
1묶음	파슬리 줄기(프레시)
½온즈	흑후추

만드는 방법

1. 포트에 흑후추를 제외하고 모든 제료를 넣는다.
2. 약한 불에서 약 50분 정도 끓여 준다.
3. 흑후추를 넣어 주고 10분 동안 더 끓여 준다. 요리에는 쿠르부용을 걸러서 사용한다.

18 치킨 콘소메
(Chicken Consommé)

재 료

1파운드	미르쁘와
3파운드	갈은 닭고기 살
10개	달걀 흰자
12온즈	토마토 콩카세
5쿼터	치킨 스톡
1개	스탠다더 사쉐
1개	정향
2개	올스파이스 베리
1ts	코셔 소금
½ts	백후춧가루

만드는 방법

1. 치킨 스톡에 미르쁘와, 갈은 닭고기 살, 계란 흰자, 토마토 콩카세를 넣고 잘 섞어 준다.
2. 끓이는 동안 많은 거품이 날 때까지 내용물을 천천히 자주 저어 준다.
3. 사쉐를 넣어 주고 적절한 맛이 나고 색이 선명해질 때까지 약 45분 동안 끓여 준다.
4. 콘소메를 걸러 주고 소금과 백후추로 간을 맞춘다.

19 벨루떼
(Veloute)

재 료

3L	치킨스톡
120~200g	브론디 루
½ ts	소금
¼ ts	흑후춧가루

만드는 방법

1. 치킨 스톡을 끓여 준다.
2. 치킨 스톡에 루를 넣고 저어 준다. 덩어리를 잘 풀어 준다.
3. 약한 불에서 약 30~40분 정도 끓여 주면서 표면에 떠오르는 거품과 기름을 제거해 준다.
4. 소금과 후추로 간을 맞춰 주고 소스를 걸러 준다.

20 피멘토 버터
(Pimiento Butter)

재 료

360g	버터(부드럽게)
100g	갈아 놓은 피망
¼ ts	간 마늘
1Ts	레몬주스
약간	소금
약간	후추

만드는 방법

1. 모든 재료를 잘 섞어 퓌레를 만들어 준다.
2. 랩으로 말아 단단히 묶고 굳어질 때까지 냉장고에 넣어 둔다.
3. 바르기 위해서는 필요에 따라 부드럽게 해서 사용한다.

21 안초비 버터
(Anchovy Butter)

재 료

400g	버터(부드럽게)
2~3Ts	레몬주스
30g	엔초비 페이스트
약간	소금
약간	흑후춧가루
1ts	다진 케이퍼

만드는 방법

1. 모든 재료를 잘 섞어 준다.
2. 랩으로 말아 단단히 묶고 굳어질 때까지 냉장고에 넣어 둔다.
3. 바르기 위해서는 필요에 따라 부드럽게 해서 사용한다.

22 홀스래디시 버터
(Horseradish Butter)

재 료

70mL	홀스래디시
400g	버터(부드럽게)
1Ts	머스터드
2ts	우스타 소스
1Ts	설탕
1ts	레몬주스

만드는 방법

1. 모든 재료를 잘 섞어 준다.
2. 랩으로 말아 단단히 묶고 굳어질 때까지 냉장고에 넣어 둔다.
3. 바르기 위해서는 필요에 따라 부드럽게 해서 사용한다.

23 마요네즈 콜레
(Mayonnaise Collee)

재 료

400mL	마요네즈
90mL	아스픽 겔
2ts	코셔 소금
1ts	흑후춧가루
약간	타바스코 소스

만드는 방법

1. 마요네즈와 아스픽 겔을 혼합하고 채에 걸러 간을 한다.

24 빠테 도
(Pate Dough)

재 료

600mL	채에 내린 강력
40mL	분유
5mL	베이킹파우더
15mL	소금
100g	쇼트닝
100g	버터
2개	달걀
15mL	식초
300mL	우유

만드는 방법

1. 계란, 식초, 우유를 제외하고 모든 재료를 푸드 프로세서 또는 도훅이 달려 있는 믹서를 이용하여 잘 갈아 준다.
2. 계란과 식초를 넣고 약 5초 동안 더 믹스해 준다.
3. 믹스 된 반죽에 약 4~5 온즈의 우유를 넣고 중간 속도로 볼 모양의 반죽이 될 때까지 믹스해 준다. 반죽의 상태를 확인해보면서 우유의 양을 조절한다.
4. 믹서에서 꺼낸 반죽을 손으로 부드럽게 주물러 반죽한다. 비닐 랩을 이용하여 감싸 롤링이나 모양을 잡기 전에 약 30분 동안 나둔다.

25 토마토 실란트로 빠테 도
(Tomato Cilantro Pate Dough)

재 료

1레시피	빠테 도
2ts	코리앤더 가루
2ts	커민 가루
50mL	토마토 페이스트
2Ts	다진 실란트로

만드는 방법

1. 기본 레시피로 만든 빠테 도우에 코리엔터와 큐민를 넣은 다음 토마토 페이스트와 실란트로 찹을 넣어 반죽한다.